지도자 용

새신자 양육교재

구 명 신 지음

< 부 록 >

I. 학습·세례문답준비 단기 교안

II. 지도교역자와 교사가 알아둘 일

좋은 책으로 하나님의 사람을 만들어 가는

엘 맨

새신자 양육교재

책을 펴내면서!

"양육의 필요성"

우리는 지금까지 귀에 못이 박히도록 들어온 것이 전도하라는 말이었다.

① 총동원전도 ② 잃은 양 찾기 ③ 예수 사랑 큰잔치

④ 와보라 전도 ⑤ 태신자 전도 ⑥고구마 전도 등

여러 가지 전도방법으로 많은 교회가 새 신자들을 교회로 초청하면 당일 하루는 많은 사람이 북적대면서 많게는 수백 명이 왔다가 얼마 못 되어서는 다 사라지고 교회는 옛날 모습으로 되돌아가는 것을 많이 본다. 앞문으로 들어왔다가 대부분 뒷문으로 빠져버리는 것이,

누구의 탓이냐? 네 탓이냐? 내 탓이냐? 를 깊이 생각해 볼 문제다.

전도가 지상 명령이라면 양육도 마찬가지 명령이다.

"내가 너희에게 분부한 모든 것을 가르쳐 지키게 하라"(마 28:20)

"가르쳐"는 교육하라는 명령이다. 가르쳐도 되고 안 해도 되는 것 아니다. 꼭 하지 않으면 안 되는 것이다.

심는 일이 전도라면 물주는 일은 양육자의 책임이다.

이 명령에 순종하여 오늘날에는 많은 교회가 어린이에서 장년에 이르

기까지 새신자부를 설치하여 운영하고 있다.

　장년을 위한 새신자부 양육프로그램은 교회마다 각기 형편에 따라 다르겠지만 필자가 충현교회에서 오래 동안 장년 새신자부를 섬기면서 얻은 경험에 의하면 장년 새신자가 새가족부에 등록을 하면 6개월 간의 양육공부를 하게 하여 학습을 받게 하고 그 후에 세례부에서 6개월 간 공부 후 세례를 받게 하여 정식교인 되게 하는 것이 가장 정상적이고 바른 길이라고 생각한다.

　이에 장년 새신자 양육을 위하여 오래 동안 사용하여 왔던 교재내용을 정리하여 이 일을 위해 수고하시는 분들에게 조금이나마 도움이 되지 않을까 생각되어 모든 새신자가 앞문으로 왔다가 뒷문으로 빠져나가지 않고 새신자부를 반드시 거쳐 성숙한 일꾼이 되기를 바라면서, 새신자 양육교재와 함께 학습·세례문답준비 단기 교안 그리고 지도교역자와 교사가 알아둘 일 등을 부록으로 엮어 이 책을 펴내는 것이다.

2004년 1월 31일

구 명 신

새신자 양육교재 목차

제1과 인생은 누구냐 /9

제2과 구원을 받으려면 /15

제3과 중생 /19

제4과 회개 /23

제5과 하나님은 누구실까 /29

제6과 예수 그리스도 /35

제7과 보혜사 성령 /43

제8과 영적 성장의 필요성 /49

제9과 기도는 어떻게 하나 /55

제10과 성경 개요 /61

제11과 성경은 어떤 책인가 /67

제12과 교회가 무엇인가 /73

제13과 교회가 하는 일 /79

제14과 교회의 회원과 직원 /85

제15과 교회생활은 어떻게 /91

제16과 그리스도인의 가정생활 /97

제17과 그리스도인의 신분 /103

제18과 그리스도인의 새생활 /107

제19과 그리스도인의 시험 /113

제20과 그리스도인의 싸움 /119

제21과　성도의 봉사생활 /125

제22과 헌신의 이유 /131

제23과 헌신의 방법 /135

제24과 전도는 어떻게 /141

제25과 천국은 어떤 곳인가 /147

제26과 세례와 성찬 /153

<부록>

Ⅰ. 학습·세례문답준비 단기 교안 /159

Ⅱ. 지도교역자와 교사가 알아둘 일 /179

제 1 과 인생은 누구냐
(마 9:12-13)

"내가 어떻게 하여야 구원을 얻으리이까"(행 16:30)

빌립보 감옥에서 바울을 지키던 간수의 종국적인 질문입니다. 그러나 이 질문은 어느 시대 누구에게나 해당되는 질문입니다.

모든 인생은 구원이 필요하기 때문입니다.

> 예: 가장 급선무가 무엇일까? (돈, 명예, 지식, 권력? 아니고 건지는 일)

왜 그럴까요?

1. 모든 인생이 죄 아래 있기 때문입니다(롬 3:23)

모든 사람은 자기의 죄와 허물로 죽음 아래 있습니다(엡 2:1). 죽음이란 죄 때문에 생명의 근원 되시는 하나님께로부터 떨어지고 쫓기어 나는 것으로(창 3:23) 먼저 그 영혼이 죽고 다음에 그 육체도 죽습니다.

예: 창 2:17 "정녕 죽으리라" (생명의 근원이신 하나님께 쫓겨났으니 영이 죽고 육도 죽는 것)

그리고 하나님을 떠난 인생은 악마의 종이 되어(엡 2:2) 하나님도 모르고 하나님을 대적하고 썩어질 것에 노예가 되어 거짓, 탐욕, 시기, 분노, 불평, 불만, 원망 가운데 살면서 수고를 많이 하나 자신은 참된 인생의 의미를 잃고 하나님께는 진노만을 쌓습니다.

그리고 복의 근원이신 하나님을 버린 인생은 메마른 사막 길을 걸어가는 사람 같아 육체와 영혼의 빈곤을 면치 못합니다(창 3:17-19).

거룩하신 하나님 앞에 범죄한 인생은 땅 위에서는 축복의 하나님을 잃고 악마의 종이 되어 빈곤을 면치 못하고 결국 그 영혼과 육체가 죽게 되니 절대로 구원이 필요합니다.

예: 복의 근원이 무엇인가?

물고기=바다, 호랑이=산, 복=하나님께로,

그러면!

2. 죄가 무엇입니까?

성경은 하나님의 말씀을 믿지 않고 마귀의 말을 듣고 하나님께 불순종 하는 것이 죄라고 지적하여 말씀하십니다(창 11:3, 요 8:44, 45). 그러므로 하나님이 누구이시고 내가 누구인지를 알지 못하면 죄가 무엇인지도 모릅니다.

예: 불신, 불순종의 결과=죽음

그리고 성경은 죄의 자리가 마음에 있다고 증거합니다(잠 4:23, 마 5:21, 22). 행위는 마음에 있는 죄의 열매로 나타나는 것뿐입니다.

그리고 성경은 인간의 죄가 이중적임을 가르쳐 줍니다. 죄의 품성을 가져다주는 아담의 대표적 죄인 원죄(原罪) 또는 법정적 죄와 자기 스스로가 범하는 자범죄(自犯罪)입니다.

그러므로 인간이 죄인이라 하는 것은 죄를 지었기 때문이 아니요 죄인이기 때문에 죄를 짓습니다.

3. 피할 수 없는 죄

"하늘이여 들으라 땅이여 귀를 기울이라 여호와께서 말씀하시기를 내가 자식을 양육하였거늘 그들이 나를 거역하였도다."(사 1:2)

불순종하는 인생들을 향한 창조주의 호령이십니다. 누가 그 진노를 피하겠습니까? 진실한 양심을 가진 인생이면 누구도 이 판결문을 시인하지 않을 수 없고(시 51:3-5) 그 앞에 무릎을 꿇고 죄사함을 구하지 않을 수 없습니다.

구원이 필요한 인생입니다. 인간 스스로가 해결할 수 없는 죄는 하나님의 구원이 필요합니다. 예수 믿는 것은 수양이 아니요 죄와 사망에서 구원받기 위한 직접행위입니다.

예: 하나님 앞에 선 인간의 모습

(카메라 앞에선 범인들의 모습을 연상하여 봅시다.)

* 익힘 문제

1. 왜 구원을 받아야 합니까?
   답: 죄인이기 때문

2. 성경은 죄가 무엇이라고 지적합니까?
   답: 불신, 불순종

3. 성경은 죄의 자리가 어디에 있다고 증거합니까?
   답: 마음

4. 인간의 이중적인 죄에 대해 설명 해보세요.
   답: 원죄와 자범죄

5. 죽음이란 무엇입니까?
   답: 하나님께로부터 떠난 것

6. 다음 빈자리에 알맞은 말을 넣어 보세요.
   1) 죽음이란 (죄) 때문에 (복)의 근원되시는 (하나님)께로부터 떨어지고 쫓기어 나는 것입니다(창 3:23).
   2) 인간이 죄인이라 하는 것은 (죄)를 지었기 때문이 아니오 (죄인)이기 때문에 죄를 짓습니다.

제 2 과 구원을 받으려면
(요 8:3-11)

정도는 다르지만 인간이면 누구나 죄를 의식하고 있습니다(롬 2:15).

더욱이 거룩하신 하나님 앞에 나아가려 할 때 이 죄는 무섭게 드러나 "나 같은 인간이 참으로 하나님과 교제할 수 있을까?" 하는 문제에 부딪치게 됩니다.

그리하여 사람들은 자기 죄를 생각하고 구원받기를 소원합니다.

1. 헛된 사람의 노력

이방인(비기독교인)이 믿는 믿음을 보면 대부분 자기의 노력을 죄의 대가로 바꾸어 보려는 생각입니다. 그리하여 구원의 조건으로 고행이나 선행을 주장합니다. 그러나 성경은 사람의 어떠한 노력도 하나님의 절대공의를 만족케 할 수 없다고 말씀합니다(행 4:12).

 예: 절대공의 (죄를 정확하게 심판하시는 것)

죄는 하나님께 대한 것이므로(창 39:9) 하나님의 요구에 의해 하나님이 사해 주시어야 합니다. 사람의 어떠한 노력으로도 죄에 대하여는 지극히 적은 것 하나도 씻을 수 없습니다. 그것은 하나님이 완전을 요구하시기 때문입니다(마 5:48, 롬 3:9-20).

2. 하나님이 이루어 놓으신 구원

스스로 죄를 해결할 수 없는 인생은 하나님의 도움이 절대 필요합니다. 하나님은 죄 문제를 해결하시려고 예수 그리스도를 땅에 보내셨습니다.

예수 그리스도가 땅 위에 오신 것은 만민의 죄를 대신해 십자가에서 죽으시기 위하여 오셨습니다(마 9:13).

> 예: 제한속죄 (만민을 위해 죽으셨지만 구원은 믿는 자만)

그러므로 예수님이 지신 십자가는 우리들의 죄 값입니다. 이것은 인간을 사랑하시는 거룩하신 하나님이 이루어 놓으신 구원의 유일한 방도입니다(행 4:12, 10:43).

그러므로 예수 그리스도의 십자가는 하나님의 공의와 인생을 구원하고자 하는 하나님의 사랑을 동시에 만족시키십니다(벧전 2:24, 요 3:16).

즉 하나님은 예수 그리스도를 통해서 우리 앞에 완전한 구원을 이룩하여 놓으셨습니다.

　　예: 다른 길 없다, 오직 한길(행 4:12)

3. 구원을 위한 사람의 할 일

하나님이 이룩해 놓으신 구원을 위하여 사람이 할 일은 오직 믿기만 하면 됩니다(롬 1:17, 히 5:9, 딛 2:14, 골 1:12-14).

믿음은 구원이라는 떡을 받는 손과 같고 잠긴 문을 열고 들어갈 수 있는 유일한 열쇠와 같습니다.

그러므로 성경은 보잘것없는 인간의 선으로 구원을 얻은 것이 아니라 믿음으로 구원을 받아 하나님의 백성이 되었으니 선을 행하라고 합니다.

　　예: 오직 믿음의 열쇠로만 가능

* 익힘 문제

1. 이방인은 구원의 조건으로 무엇을 주장합니까?
   답 : 고행, 선행

2. 죄는 누구에 대한 것입니까?
   답 : 하나님

3. 하나님은 죄 문제를 해결하시려고 어떻게 하셨습니까?
   답 : 예수님을 땅에 보내주심

4. 구원을 위하여 우리들이 할 일은 무엇입니까?
   답 : 오직 믿기만 하면

5. 성경은 무엇으로 구원을 받아 선을 행하라고 합니까?
   답 : 믿음

6. 맞는 것에 O표, 틀린 것에 X표 하시오.
   1) 죄는 사람의 노력으로 완전히 씻을 수 있다. (X)
   2) 이방인의 믿음을 보면 자기의 노력을 죄의 대가로 바꾸어보려고 생각한다. (O)

7. 암송 성구
   * 행 4:12
   * 마 9:13

제 3 과   중 생

(요 3:1-16)

모든 인생은 죄를 범했기 때문에 구원이 필요합니다. 하나님의 사랑은 독생하신 예수 그리스도로 우리 죄를 대신해 죽게 하심으로 우리 앞에 구원을 이룩해 놓으셨습니다.

그러면 이 구원이 어떻게 나에게 이루어질까요?

이룩된 구원이지만 나와 관계없으면 아무 소용이 없습니다. 그런데 이 이룩된 구원이 나의 구원이 되게 하는 역사가 곧 중생입니다.

> 예: 진수성찬도 내가 먹어야 배부르다.

1. 중생이 무엇입니까?

중생은 "거듭난다" "다시 태어난다" 라는 말입니다. 그 뜻은 사람이 늙은 후 다시 모태에 들어갔다가 나오는 것이 아니라(물리적) 죄와 허물로 죽었던 자가 다시 살고, 마귀의 종이 하나님의 백성으로 바뀌는(엡 2:1-7) 신적 변화를 말합니다(영적).

예: 예수님과 니고데모와의 대화 (요 3장 참고)

(늙어도 젊어도 불가능, 가능해도 육의 사람)

중생은 수선이나 교정이 아니요 생산적 의미가 있어 하나님이 생명의 씨를 그의 택한 자에게 심는다는 뜻이 있습니다(요일 1:9).

예: 인간 구조(영, 육)

(한번 나면 두 번 죽고 두 번 나면 한번 죽는다)

2. 중생은 어떻게 되나요?

예수님은 이 중생에 대하여 "사람이 물과 성령으로 거듭나지 아니하면 하나님 나라에 들어갈 수 없느니라"(요 3:5)고 그 방법을 말씀하셨습니다. 이 말씀이 설명하는 것은 중생은 결코 인위적인 방법으로 되지 못하고 하나님의 역사로만 되어짐을 말씀합니다(요 1:12-13).

중생은 사람으로 하나님의 말씀을 듣게 하고 듣는 중에 성령의 역사로 죄를 회개하고 그리스도를 믿게 하여 구원에 이르게 하는 하나님의 은혜의 역사입니다(벧전 1:1-3. 갈 3:5).

> 예: 겁쟁이 베드로가 변신 하니 하루 3000명을 회개시키고, 핍박하던 사울이 바울로 변함

3. 중생의 특징

(1) 중생은 하나님의 단독 사역으로 모든 믿는 자에게 주신 하나님의 은혜의 선물입니다(엡 2:8).

(2) 중생은 내적 변화로 감각에는 의식할 수 없으나(요 3:8) 심적 변화를 가져와 죄를 미워하고 의를 추구하게 합니다.

(3) 중생은 단회적이어서 한번 거듭난 사람은 영원히 주의 백성으로 살게 합니다.

> 예: ♪, 돈으로도 벼슬로도 힘으로도 지식으로 못가요
> 거듭나면 가는 나라 하나님 나라

* 익힘 문제

1. 왜 인생은 구원이 필요합니까 ?
   답 : 죄를 범했기 때문

2. 하나님께서 어떻게 하심으로 우리의 구원을 이룩하셨습니까?
   답 : 예수님이 우리 대신 죽으심으로

3. 중생이란 무엇일까요 ? 간단히 말하시오.
   답: 거듭난다, 다시 난다

4. (   ) 안에 알맞은 말을 넣으세요.
   1) 중생은 결코 (인위적)으로 되지 못하고 (하나님의 역사)로만 되어진다.
   2) 중생은(죄)를 회개하고(그리스도)를 믿게 하며 (구원)에 이르게 하는 하나님의 은혜의 역사이다.

5. 중생의 특징은 무엇입니까 ?
   1) 하나님의 (단독사역)으로 모든 믿는 자에게 주신 하나님의 (은혜의 선물)입니다.
   2) 심적 변화를 가져와 (죄)를 미워하고 (의)를 추구하게 된다.
   3) 중생은 (단회적)이어서 한번 거듭난 사람은 영원히 주의 (백성)으로 살게 합니다.

6. 요 1:12을 암송하세요.

제 4 과 회 개
(마 3:1-12)

중생은 내적 변화로 하나님 편에서 새 생명을 심는 일이라면(제3과에서) 회개와 믿음은 외적인 표현으로 하나님의 부르심에 대한 인간의 응답이라 할 수 있습니다.

구원은 인간만의 노력으로 절대 이룰 수 없거니와(요 6:44) 또한 모든 책임을 하나님께만 돌리셔도 안됩니다(요 5:40). 하나님의 부르심이 있어야 하고 또한 인간의 응답으로 회개와 믿음이 있어야 합니다.

그러므로 예수님은 "회개하라 천국이 가까왔느니라" 하시었고 그의 제자들도 "이제는 하나님이 어디든지 사람을 명하사 회개하라 하셨으니"(행 17:30, 26:20)라고 복음의 내용을 지적했습니다.

예: 삼상 3:4-10, 사무엘을 부르심, 부르심에 반드시 응답해야 함

1. 회개의 필요

(1) "너희에게 이르노니 만일 회개치 아니하면 다 이와 같이 망하리라"(눅 13:5, 겔 18:4, 약 1:15)는 성경의 말씀들은 구원을 얻기 위해 회개가 필요함을 말합니다.

(2) 그리고 지금도 하나님은 모든 인생이 회개하고 돌아오기를 기다리고 있기 때문입니다(눅 15:20).

죄악 된 인생과 세상을 당장 심판하지 않으시고 그리스도의 복음을 주신 것은 하나님의 인자하심이 회개를 촉구하시는 것입니다.

예: 돌아오는 아들과 아버지 중에 누가 먼저 보았느냐?

2. 회개가 무엇입니까?

성경에서 사용한 회개란 말은 「방향을 바꾼다」「돌아오다」라는 의미를 가집니다. 그것은 죄로부터 하나님께로 돌아서는 개인적인 결정(행

28:20)으로 단순한 후회나 자책이 아닙니다(창 39:9, 시 51:4).

예: 돌아오는 탕자의 결심(행동으로 보여야함)

그러므로 진정한 회개는 하나님과 관계하여 다음 몇 가지 과정이 필요합니다.

(1) 먼저 성령의 역사에 의하여 죄를 깨닫고 마음의 가책이 있어 회개하게 됩니다(요 16:8; 마 21:30).

(2) 회개는 죄에 대하여 슬퍼합니다(요일 1:9).

예: 눈물로 요를 적신 다윗의 회개의 모습

 죄를 단순히 후회하는 것이 아니라 바울이 말한 대로 "하나님의 뜻대로 하는 후회로 구원에 이르게 하는 것입니다." 죄 자체에 대하여 슬퍼하고 두려워하며 하나님의 거룩함에 대하여 전적으로 무능함을 느끼고 그리스도께 믿음을 가지게 합니다.

(3) 회개는 죄의 습성을 버리는 것입니다.

회개는 하나님의 도우심을 받아 죄를 버리려는 마음과 행동의 변화인 동시에 인격 전체를 하나님께 향하는 것입니다.

예: 김유신 장군 (애마의 목을 베다)

(4) 회개는 배상을 하게 합니다.

어떤 죄는 배상할 수 없는 성질의 것도 있으나 배상할 수 있는 것은 삭개오와 같이 완전히 배상합니다. 참으로 당신은 하나님께 회개하였습니까?

3. 회개의 결과

* 사하여 주심(요일 1:9)

* 주의 등 뒤로 던져버림(사 38:17)

* 기억도 아니하심(히 8:12)

* 도말해 주심(시 51:9)

* 안개같이 사라지게 하심(사 44:22)

* 눈과 같이 희게 해 주심(사 1:18)

* 죄가 가리움 받음(롬 4:7)

죄를 사해 주시기 위하여 회개를 기다리시는 하나님의 사죄의 약속은 지금 이 때에 우리를 위한 약속입니다.

* 회개의 눈물은 하늘나라의 다이아몬드(아무리 추한 죄라도)와 같습니다.

* 익힘 문제

1. 하나님의 부르심에 대한 인간의 응답에는 무엇과 무엇이 있습니까?
   답 : 회개, 믿음

2. 왜 회개가 필요합니까?
   1) 구원 얻기 위해
   2) 하나님이 회개를 기다리심

3. 성경에서 사용한 회개의 의미는 무엇입니까?
   답 : 방향을 바꾼다, 돌아오다

4. 진정한 회개의 과정을 4가지로 답하세요.
   1) 죄를 깨닫고   2) 죄를 슬퍼함
   3) 습성을 버림   4) 배상한다

5. 맞는 것에 O표 틀리면 X표 하세요.
   1) 구원은 인간의 노력으로 이룰 수 있다.(X)
   2) 회개란 단순한 후회나 자책이 아니다. (o)

6. 회개의 결과를 말해보시오
   1) 사하심   2) 등뒤로   3) 기억 아니함
   4) 도말하심   5) 안개같이 사라짐
   6) 눈과 같이 희게   7) 죄가 가리움

제 5 과 하나님은 누구실까

(딤전 6:15-16)

믿음은 대상을 필요로 합니다.

대상이 없이는 믿음이 있을 수 없습니다.

그러나 많은 사람들이 믿음의 대상을 올바로 찾지 못하여 인생 속임수에 삽니다.

하나님은 우리 믿음의 유일한 대상입니다.

하나님은 누구실까요?

우리는 하나님을 바로 알고 하나님께 영광을 돌리는 일에 힘써야 합니다.

예: 하나님의 존재의 확신 (산천초목을 보라)

1. 하나님은 절대자이십니다.

상천하지에 오직 홀로 계신 하나님으로(신 6:4, 4:39) 만물을 만드셨고(창 1:1, 27) 전지하시고(대상 28:9) 전능하시고(사 9:6) 어디나 계시며 (시 139:7-10). 영원히 변함 없으시므로(시 102:12, 단 6:26) 하나님은 절대자이십니다.

2. 하나님은 영이십니다.

하나님은 영으로 계십니다(요 4:24). 그러므로 하나님은 눈으로 볼 수 없고 형태가 없어서 어떤 부분을 이루고 있지 않아 전체적이며 아무것에도 제약을 받지 않으시고 자유하십니다.

하나님은 물체적 존재가 아니시기 때문에 하나님은 볼 수 있게 나타나시지 않고 영적으로 나타납니다(고전 2:6-16).

예: 육안, 지안, 영안 (하나님을 보여 달라)

3. 하나님은 인격을 가지셨습니다.

하나님은 영이시면서 인격을 가지셨습니다. 그러므로 하나님은 모든 것을 아시며(마 6:32) 마음에 생각을 품으시고 노하기도 하시며 사랑하기도 하시며(계 3:19) 뜻을 정하시어 자기의 기쁘신 대로 세상을 다스리십니다(롬 9:19-22).

　　　예: 지, 정, 의

4. 하나님의 도덕적 품성

　(1) 하나님은 거룩하십니다.

그러므로 죄가 있는 사람은 하나님의 진노를 피할 수 없습니다.

하나님의 거룩한 성품은 공의를 나타내시고 우리로 죄를 회개할 것을 요구하고 있습니다(벧전 1:16).

　　　예: 행한 대로, 심은 대로

(2) 하나님은 의로우십니다.

그러므로 하나님은 사람들에게 의롭게 살기를 원하고 계십니다(롬 3:26).

예: 요셉, 욥, 노아

(3) 하나님은 사랑이십니다.

하나님의 사랑은 이상 모든 품성보다 더욱 크시어 독생자를 보내시어 그 안에서 모든 자의 죄를 조건 없이 용서하십니다(요일 4:7-8).

예: 독생자 주심

5. 하나님은 3위로 계십니다.

하나님은 성부, 성자, 성령 3위로 계시면서 이 3위의 관계는 사람들같이 서로 떨어져 있는 것이 아니라 같은 신적 본질을 이루고 있습니다.

이 같은 사실은 인간 세계에 있지 않아 누구도 완전히 설명할 수 없으나 성경 전체가 이를 분명히 나타내 주고 있습니다(마 28:19).

예: 아버지와 아들과 성령의 이름으로 세례를 주고,

(성부) (성자) (마 3:16, 17, 마 16:16, 17)

* 익힘 문제

1. 하나님은 어떤 분이십니까?
   1) 절대자 2) 영이심 3) 인격을 가지심.
   4) 도덕적 품성 가짐 5) 3위로 계심

2. 하나님의 도덕적 품성에 대하여 말해보자.
   1) 거룩하심 2) 의로우심 3) 사랑이심

3. 왜 하나님은 절대자이십니까? 그 이유를 말해보자.
   1) 오직 한분 2) 만물창조
   3) 전지하심 4) 전능하심

4. 3위의 하나님에 대하여 말하라.
    성부 성자 성령 3위로 계시나 한 분 하나님

제 6 과 예수 그리스도

(마 1:18-25)

"사람들이 인자를 누구라 하느냐"(마 16:13) 이 말씀은 예수님이 제자들에게 질문한 말씀입니다. 이 같은 질문은 모든 시대 모든 인생들에게 똑같이 주어지는 질문입니다.

기독교는 예수 그리스도를 바로 알고 바로 믿어 그와 같이 되는 일입니다.

예: 그 시대 사람들은?	현대인들은?
세례요한	4대 성인 중 한 사람
엘리야	공자, 석가, 소크라테스
예레미야	
선지자중 한사람	

1. 예수님은 하나님이시며 사람이십니다.

예수님은 하나님이시며 사람, 사람이시자 하나님이십니다.

이와 같이 한 몸 안에 두 가지 품성이 있다는 것은 인간 이성으로는 알 수 없습니다. 시공간에 제약을 받고 사는 유한한 인간으로는 이 사실을 더 알고자하면 오히려 지적혼란에 빠질 것 뿐입니다.

그러므로 하나님의 삼위일체 사실과 예수님의 신인(神人) 공유 사실은 역설적으로 받아들여야 합니다.

예: 신인양성 공유 100% 하나님, 100% 사람

(1) 예수님은 하나님이십니다.

예수님이 하나님이신 것을 모르는 사람은 예수님을 바로 알지 못했고 따라서 예수 믿는 구원받은 백성이라 할 수 없습니다. 예수님은 하나님이십니다.

그 증거는?

① "이 말씀은 곧 하나님이시니라"(요 1:1하), "그의 아들

예수 그리스도라 그는 참 하나님이시라"(요일 5:20) 고 성경이 증거했습니다(사 9:6, 미 5:2, 딛 2:13).

② 예수님 자신이 "나와 아버지는 하나이니라"(요 10:30)고 증거하셨습니다(마 26:63, 64).

③ 예수님이 가지신 능력들이 예수님은 하나님이신 것을 증거합니다(막 4:39, 눅 4:35, 요 11:43, 44, 요 10:38).

④ 오늘의 구원받은 성도들이 증거합니다.(니케야 신조 9)

예: 능력, 기적 설명

(2) 예수님은 사람이십니다.

예수님은 완전한 하나님이시며 또한 완전한 사람이십니다. 만일 예수님이 사람이 아니셨더라면 우리의 죄를 위해 십자가를 지실 수도 없고 우리의 위로자도 되지 않으셨을 것입니다(히 2:16-18). 그러나 예수님은 완전한 사람으로 우리의 소망이 되셨습니다.

그 증거는?

① 예수님의 탄생이 여인의 몸을 통해 태어나신 점입니다. 비록 잉태는 초자연적이었으나 마리아라는 여인을 통해 나셨습니다(마 1:18). 예수님은 보통 아이들과 같이 자랐

습니다(눅 2:40, 52).

② 예수님 자신이 자신을 사람이라고 일컬었습니다(요 8:40).

③ 인간의 모든 특징을 볼 수 있습니다.

* 배고픔(마 4:2)   * 목마름(요 19:28)

* 주무심(마 8:24)   * 노하심(막 3:5)

* 사랑과 눈물(요 11:35)

예수님의 신성과 인성 이 두 가지는 꼭 같이 주장되어야 합니다. 역사 가운데서 이 둘 중 하나만 강조하다 잘못된 예를 우리는 얼마든지 볼 수 있습니다.

2. 예수님이 하신 일

우리는 예수님이 누구신가를 아는 것이 중요합니다. 마찬가지로 예수님이 하신 일이 무엇인가를 아는 것 또한 중요합니다. 예수님이 하신 일들이 나를 구원하시는 일들이시기 때문입니다.

(1) 천국복음을 가르쳐 주셨습니다.

인간은 생각하는 힘이 있어 만물 중에 으뜸입니다. 그러나 인간 역시 배우면 배울수록 지식이 한계점에 이르고 결국 만물의 시작이신 하나님이나 하나님의 뜻에 대하여 알지 못하는 것이 솔직한 고백입니다. 그러므로 하나님 자신이 하나님을 나타내어 주시고 인간을 가르쳐 주시지 않으면 무지 속에 죽을 수 밖에 없습니다.

예수님은 하나님 자신으로 하늘에서 오신 구세주이십니다. 예수님은 자기를 통해서만 구원을 얻을 수 있다고 말씀하셨습니다.

(2) 예수님은 우리를 위하여 죽으시고 살아나셨습니다.

하나님은 죄 많고 타락한 인생이 자기 힘으로 구원받을 수 없음을 아셨습니다. 그리하여 하나님의 아들의 공로로 구원 얻도록 하였습니다. 예수님은 이 하나님 아버지의 뜻을 따라 우리가 죽을 것을 대신하여 십자가에서 죽으셨습니다. 이 예수님의 죽으심은 하나님의 공의(죄를 심판하시는 뜻)를 만족시키었고 또한 인간을 구원시키고자 하시는 하나님의 사랑을 만족시켰습니다(막 10:45).

그리스도의 죽으심은 구약과 신약의 중심 테마요 하나님이 인간을 사랑하신 증표입니다(롬 5:8).

예수님은 우리를 위해 죽으려 오시었고 이 죽으심은 인간 역사의 중추입니다(히 2:14). 그는 우리를 위하여 죽으셨을 뿐 아니라 죽은 자 가운데서 다시 사셨습니다.

예수님의 제자들은 "그리스도께서 살아나셨다"는 것이 중요한 설교 내용이었습니다(행 2:32).

그 이유는,

① 부활은 예수님의 가르치고 행하셨던 일이 진리임의 확증이기 때문입니다(고전 15:17).

② 부활은 우리 믿는 사람들의 부활을 보장해 주는 일이기 때문입니다(요 14:19).

③ 부활은 오늘 우리들의 생활이 그리스도의 권능에 동참하는 확증이기 때문입니다. 우리는 무덤 속에 누워있는 그리스도를 믿는 것이 아니요 사랑과 능력으로 지금도 살아 계신 그리스도를 믿는 것입니다(롬 8:34).

3. 예수님은 다시 오십니다(행 1:10, 11).

예수님은 성경대로 오시었고 성경대로 죽으셨고 성경대로 부활하시었고 성경대로 승천하시었습니다. 그리고 이제 성경대로 장차 다시 오십니다(요 14:3, 마 24:29, 30, 행 1:10-11, 살전 4:16).

예수님 다시 오시는 날 마귀와 그를 좇던 불신자는 다 심판 받고 그리스도안에 있는 자는 영원한 영생에 들어갑니다(요 5:28,29).

* 익힘 문제

1. 예수님의 품성에는 몇 가지가 있습니까?
    답: 두 가지 품성, 참 하나님과 참 사람

2. 예수님이 하나님이시라는 증거는 무엇입니까?
    1) 성경   2) 예수님 자신
    3) 행하신 능력   4) 구원받은 성도들

3. 예수님이 사람이라는 증거가 무엇입니까?
    1) 여인의 몸에서 탄생   2) 자신이 사람이라 함
    3) 인간의 특성을 가지심

4. 예수님이 하신 일을 간단하게 2가지로 말하시오.
    1) 천국복음전파   2) 우리를 구원하심

5. 다음 중 맞는 것에 O표 틀린 것에 X표 하세요.
    1) 예수님의 인격에는 신성만 있다.(X)
    2) 예수님이 하신 일은 우리를 구원하시는 일들이다. (O)

제 7 과 보혜사 성령

(요 16:7-13)

성령은 우리가 처음 믿을 때부터 시작하여 능력과 기쁨과 소망생활을 하는 데 깊은 관계를 가지고 있습니다. 우리는 종종 성령에 대하여 무지 또는 무관심하기 때문에 신앙생활에 큰 빈곤을 느낍니다. 그러므로 풍성한 믿음의 생활을 하기를 원한다면 성령을 알고 성령 충만함을 받아야 합니다.

1. 성령은 인격적 하나님이십니다.

성령은 하나님 아버지와 하나님 아들과 동등한 신격을 가지신 인격이심을 명심해야 합니다. 우리는 눈에 보이지 않는 영으로 계신 성령을 하나의 힘으로만 오해해서는 안됩니다.

참고- 성령의 명칭: 하나님의 영, 그리스도의 영, 진리의 영, 보혜사, 주의 신, 성신, 여호와의 신, 모략과 권능

의 신, 지혜와 총명의 신

(1) 예수님은 성령을 보혜사 또는 상담자로 말씀하셨습니다.

"보혜사 곧 아버지께서 내 이름으로 보내실 성령 그가 너희에게 모든 것을 가르치시고 내가 너희에게 말한 모든 것을 생각나게 하시리라"(요 14:26)고 말씀하셨습니다.

만약 성령이 단순한 영향력에 불과하다면 성령은 조언이나 위안을 줄 수 없을 것입니다. 그러나 성령님은 예수님이 세상을 떠나신 후에도 예수님이 하시던 일들을 계속하고 계십니다(요 16:7).

이것은 성령이 지, 정, 의를 가지고 인격의 하나님이심을 증거 합니다 (고전 2:10, 11, 엡 4:30, 고전 12:11).

(2) 예수님은 성령을 거역하는 것이 인자를 거역함보다 더 나쁘다고 하시므로 성령을 거역하는 것은 하나님을 훼방하는 것으로 말씀하셨습니다.

그리고 성령은 하나님만이 가지는 속성 즉 무소부재(시 139:7), 전지전능(사 40:13, 고전 2:10) 등등을 말씀하므로 3위1체 중 한 위를 가지신 하나님이심을 증거 합니다.

예: 마 12:31 참고

2. 성령의 하시는 일

　성령은 하나님 아버지와 함께 창조의 역사도 하시고(창 1:26, 욥 33:4), 예수님과 함께 구속 사역에도 동참하셨습니다(눅 22:43).

그러나 성령의 두드러진 역사는,

　　가. 하나님의 사람들을 감동시키어 특별한 일을 하게 하시는 일(삿 3:10, 겔 2:2).

　　나. 하나님의 뜻을 따라 범죄한 인생을 중생시키는 일(요 8:34, 롬 8:7).

　　다. 성도들의 도덕생활을 하게 하는 역사를 하십니다(시 51:10, 11).

　그러므로 성령의 은혜를 받아야 하나님의 말씀을 깨닫고(시 119:18) 죄와 싸워 승리하므로 성도의 풍성한 생활을 할 수 있습니다.

　　　　예: 루터의 종교개혁, 깡패가→목사 됨

3. 성령 충만을 받으려면

성령 충만을 받는다는 것은 성령으로 거듭난다는 말과 차이가 있습니다(요 15:3, 행 2:4). 성령 충만을 받지 못하면 성도가 마땅히 갖추어야할 바를 갖추지 못합니다. 마치 취직하고 일하지 못하는 직원과 같고 학교에 입학하고 공부 못하는 학생과 같습니다. 그러므로 성령 충만을 받아야 합니다.

그러면 어떻게 성령 충만을 받습니까?

(1) 회개하여야 합니다(행 2:38).

회개는 성령 충만 받는 첫 조건입니다. 조그만 죄라도 마음에 그대로 품고 있으면 안 됩니다. 늘 말씀과 기도 속에서 자기 속에 적고 큰 죄를 찾아 철저히 회개하여야 합니다.

> 예: 컵에 공기를 채우려면,

(2) 순종을 해야 합니다(행 5:32).

하나님은 순종하는 자에게 성령의 충만을 줍니다. 교만한 자에게는 주지 않습니다. 10가지 중 9가지만 순종하고 한 가지 만 못해도 이것은 불순종입니다.

　모든 것을 주님께 맡기고 하나님이 원하시는 일은 무엇이나 순종하겠다는 각오가 있어야 합니다. 내 의지를 완전히 하나님이 주장하시도록 해야 합니다.

　　예: 완전히 순종한 나아만 장군

(3) 갈망하여야 합니다(요 7:37-39).

　목마른 자가 물밖에 모르는 것같이 하나님은 사모하는 자에게 성령을 부어주십니다. 마음에 불안, 걱정, 근심이 많은 것은 성령충만을 받지 못한 갈증에서 오는 것입니다.

(4) 믿고 구하여야 합니다(눅 11:13, 막 11:24).

　모든 조건을 구비하고도 믿음이 없으면 받을 수 없습니다(약 1:6, 7).

　약속한 성령이니 믿음을 가지고 인내하므로 주실 때까지 구하여야 합니다(눅 18:7).

　　예: 충만의 결과: 믿어진다, 기뻐한다, 담대해진다

* 익힘 문제

1. 성령은 어떤 하나님입니까?

    답: 인격적

2. 성령의 하시는 일들을 책에 나타난 것을 쓰시오.

    1) 감동   2) 중생   3) 도덕생활

3. 성령 충만함을 받으려면 어떻게 하여야 합니까?

    1) 회개   2) 순종   3) 갈망   4) 믿음

4. 풍성한 믿음의 생활을 하려면 어떻게 해야 합니까?

    답: 성령을 알고 충만을 받아야 함

5. 행 2:38을 암송하세요.

제 8 과 영적 성장의 필요성

(엡 4:13-16)

예수를 믿고 구원받았다는 것은 그리스도 안에서 새로 낳았다는 것을 뜻합니다(고후 5:17). 비록 나이가 30, 40, 80세라도 그리스도를 영접하는 그 순간이 바로 영적 출생기입니다.

그러나 갓난아이라도 사람인 것처럼 처음 믿는 사람도 하나님의 완전한 백성입니다.

그리고 갓난아이가 성장하지 않으면 사람 구실을 못하는 것처럼 영적 갓난아이도 자라지 않으면 안 됩니다. 그러므로 정상적인 그리스도인은 거듭나면서부터 영적인 면에서 무럭무럭 자라야 합니다. 그러므로 영적 성장에 대하여 공부하겠습니다.

예: 인간 구성 = 영, 육

1. 성장의 필요성

그러면 왜 성장이 필요합니까?

(1) 복음은 생명이기 때문입니다(요 5:24).

생명은 자라는 것이 특징이요 자라지 않으면 병신이거나 죽은 증거입니다. 그러므로 모든 생명은 하나님이 정해 주신 법에 따라 성장하기 위해 영양을 섭취하고 적당한 온도와 맑은 공기와 운동을 필요로 하고 있습니다.

예: 자라지 않으면 골치 덩어리, 죽었거나 마네킹

(2) 합당히 행하고 열매를 맺게 하기 위해 성장이 필요합니다(골 1:10).

갓난아이가 사람 구실을 못하고 어린 나무가 열매를 맺을 수 없는 것은 우리가 잘 아는 사실입니다. 마찬가지로 영적 성장이 없이는 다른 사람의 폐를 면치 못하고 하나님이 원하시는 선한 열매를 맺을 수 없으므로 성장이 필요합니다(막 4:8).

예: 생화와 조화 비교

(3) 성장하지 않으면 유혹이나 풍파를 이길 수 없기 때문입니다(엡 4:14).

우리는 지금 연약한 육체를 갖고 악한 세상에서 믿음생활을 하고 있기 때문에 항상 유혹과 풍파를 면할 길이 없습니다. 그러므로 성장하여 헛된 유혹이나 풍조에 밀리지 않고 여러 가지 시험을 이길 수 있어야 합니다.

(4) 성장의 표준

그리스도의 장성한 분량에 이르기까지 자라야 합니다. 그러기 위해서는 날마다 그리스도와 교제를 해야 합니다. 그 방법은 열심으로 말씀을 읽고 그를 닮아 가려고 노력하는 일입니다.

예: 가까이 하는 것을 닮는다, 무슨 책 읽느냐?

2. 성장의 요소들

(1) 영적 양식인 성경말씀

"사람이 떡으로만 살 것이 아니요 하나님의 입으로 나오는 모든 말씀으

로 살 것이니라."(마 4:4)

성경은 모든 사람의 믿음의 시작이요 성장의 요소요 종말에는 심판의 표준이 되며 영혼의 양식이 됩니다.

   (2) 영적 호흡인 기도: 이 기도에 관해서는 제 9과 에서 다시 공부하겠습니다.

   (3) 영적 운동인 봉사: 그리스도를 위한 봉사는 하나님께 영광되고 타인에게 유익이 될 뿐 아니라 나 자신에게도 유익이 됩니다(제 21과에서 다시).

3. 성경 읽을 때 마음가짐

   (1) 성경은 순종할 태도로 읽어야 합니다.
 지식만이 아니라 그 말씀을 내 것으로 만들어야 합니다.

   (2) 하나님의 능력을 의지하고 읽어야 합니다.
 성령이 우리의 눈을 열어 그 말씀을 깨닫게 해주시지 않으면 알 수 없습니다(시 119:18). 그러므로 성경말씀을 대하기전에 기도하고 읽어야 합니다.

　　예: 엘리사와 게하시

　　(3) 보물 찾는 간절한 마음으로 읽어야 합니다(잠 2:4).
사슴이 시냇물을 사모하듯, 금광에서 광부가 금을 캐는 심정같이 간절한 심정으로 읽어야 합니다.

4. 성경 읽을 때의 유의할 점

　　(1) 지금 내가 읽는 곳에서 하나님, 예수님, 성령님에 대하여 어떻게 말씀하고 있는가?

　　(2) 지금 내가 읽는 곳에서 무엇을 요구하고 있는가?

　　(3) 지금 내가 읽는 곳에서 무엇을 약속하고 있는가?

　　(4) 지금 내가 읽는 곳에서 어떤 죄를 피하고 버리라고 하시는가?

　　　예: 요 3:16 ① 사랑의 하나님   ② 아들을 믿으라
　　　　　　　　　③ 영생 약속   ④ 각자가 자기를 살피자

* 익힘 문제

1. 영적 출생이란 어느 시기를 말합니까?
    답: 중생 (영접하는 순간)

2. 성장은 왜 필요합니까?
    1) 복음은 생명이기 때문   2) 열매 맺기 위해
    3) 유혹, 핍박 이기기 위해

3. 성장의 표준은 무엇입니까?
    답: 예수 그리스도

4. 영적 성장의 요소는 무엇입니까?
    1) 성경말씀   2) 기도   3) 봉사

5. 성경 읽을 때 마음가짐은?
    1) 순종   2) 능력을 의지하고   3) 간절한 심정

6. (   )안에 알맞은 말 써 넣으세요.
    지금 내가 읽고 있는 곳에서 (하나님) (예수님) (성령님)에 대하여 어떻게 말씀하고 있는가?

7. 요 3:16을 암송으로 기록하세요.

제 9 과 기도는 어떻게 하나

(마 7:7-11)

기도는 그리스도인만이 하나님께 대하는 특권입니다. 기도가 없이는 약속하신 하나님의 복을 받을 수 없고 기도가 없이는 영의 분별력을 얻을 수 없고 선을 행할 힘도 얻지 못합니다(빌 1:9-11, 막 9:29). 신앙생활에 기도는 절대 필요합니다.

예: 산 아래 제자들(막 9:14-29)

1. 기도의 뜻

(1) 기도는 하나님과의 대화입니다.

본래 인간과 하나님 사이는 인간의 죄 때문에 교제가 끊어졌습니다.

그러나 하나님과 교제의 길을 열어 놓으시고 우리에게 기도를 청원하시는 분이 계시니 그가 우리를 위해 피 흘리신 예수님이십니다.

"내 이름으로 무엇이든지 내게 구하면 내가 시행하리라"(요 14:14).

이 대화가 끊어져서는 안됩니다. 대화가 끊어진다는 것은 하나님과의 사귐이 없다는 뜻입니다.

예: 끊어진 레일 연결, 대화가 끊기면 전쟁신호

(2) 기도는 영적인 호흡입니다.

성경이 영적 의미의 젖이라고 하면 기도는 영적 의미의 호흡입니다. 왜냐하면 기도는 하나님을 경외하는 마음의 태도에서 나오기 때문입니다. 그러므로 기도가 없다는 것은 하나님을 사랑하고 사모하는 마음이 없다는 말입니다.

"쉬지 말고 기도하라"(살전 5:17)고 하는 것은 우리 생활 자체가 늘 기도가 되어야 한다는 뜻입니다. 기쁠 때든지 슬플 때든지 언제든지 하나님을 의지하고 사랑하는 마음이 떠나지 않아야 합니다.

예: 살았다는 증거는? 호흡, 영적 기도생활

2. 기도의 실제

생활 자체가 기도가 되어야 한다고 해서 특별히 기도할 시간이 필요 없다는 말이 아닙니다. 그럴수록 일정한 시간과 장소를 정해 놓고 기도

생활을 하게 됩니다.

* 기도는 모든 일을 시작하기 전 아침에 합니다.

* 조용히 하나님과만 속삭일 수 있는 장소와 시간을 택합니다.

* 특별한 사정이 있을 때 특별 기도시간을 가집니다.

* 자기 전에 하루를 반성하며 기도합니다.

　　예: 싸우고 그대로 잠자리에 들지 말 것(엡 4:26)

3. 기도자의 태도

(1) 하나님께만 기도하여야 합니다.

"은밀한 중에 계신 네 아버지께 기도하라"(마 6:6)고 예수님은 말씀했습니다.

이는 세상과 차단하고 세속적인 모든 생각을 잊어버리고 하나님께 은밀히 기도하라는 뜻입니다. 그렇지 못할 때에 예수님은 그 기도가 중언부언하는 자의 기도라고 했습니다.

　　예: 중언부언 (뜻 없이 입으로만 되풀이)

(2) 믿음으로 기도하여야 합니다.

기도생활 중에 가장 큰 장애물은 응답이 빨리 오지 않는다고 쉽게 낙심하는 일입니다.

그렇기 때문에 예수님은 "항상 기도하고 낙망하지 말라"(눅 18:1) 고 하셨고, 바울은 "쉬지 말고 기도하라"(살전 5:17)고 했고, 야고보 선생은 "믿음으로 구하고 의심하지 말라"(약 1:6)고 경고했습니다. 이것은 모두 끝까지 기다리는 믿음의 인내의 태도를 가르칩니다.

예: 하나님이 정하신 때가 있다.(인내)

(3) 하나님의 뜻대로 구해야 합니다.

기도의 근본 태도는 하나님의 뜻을 이루기 위함인 것을 알아야 합니다. 그러므로 기도와 말씀은 불가분의 관계를 가지고 있습니다. 성경의 약속을 모르면 하나님의 뜻대로 기도할 수 없고 하나님의 뜻대로 구하지 않으면 그 기도가 이루어지지 않습니다(약 4:3).

예: 솔로몬의 기도 (왕 3:4-15)

4. 기도의 내용

마 6:9-13은 예수님이 우리에게 가르쳐 주신 기도의 모범적인 내용입니다.

그 내용을 간추리면,

   (1) 기도의 대상자 되신 거룩하신 하나님 아버지를 부르는 일입니다(마 6:9).

   (2) 하나님의 은혜를 감사해야 합니다(시 100:4).

   (3) 죄를 고백합니다(시 51:5-7).

   (4) 필요한 것들을 믿음으로 간구하는 일입니다(약 1:6).

   (5) 예수 그리스도의 이름으로 기도를 끝맺습니다(요 15:16 하).

* 기도의 요령 (모범적기도)

   ① **하나님 아버지(기도의 대상)** ② **감사**   ③ **회개**

   ④ **간구** ⑤ **예수님의 이름으로**

* 익힘 문제

1. 기도란 무슨 뜻입니까?
   1) 하나님과의 대화   2) 영적 호흡

2. 기도하는 사람의 바른 태도는 무엇입니까?
   1) 하나님께만 기도한다   2) 믿음으로
   3) 하나님의 뜻에 맞는 기도

3. 기도의 요령 (모범적 기도)을 말하시오.
   1) 하나님 아버지   2) 감사   3) 회개   4) 간구
   5) 예수님의 이름으로

4. 예수님이 가르치신 기도는 성경 어디에 있습니까?
   암송으로 기록 해보세요.
   마 6:9-13

제 10 과 성경 개요

(벧후 1:21)

성경은 크게 구약과 신약 두 권으로 나눌 수 있습니다.

구약은 모세를 통해 시내산에서 주어진 언약을 근거로 하여 하나님께서 이스라엘 민족을 다스리시고 섭리하시는 사건들을 기록한 말씀으로 예수님 오시기전 예언의 말씀입니다.

신약은 예수님께서 오신 것과 하나님께서 그리스도를 통하여 인간과 맺은 새로운 약속과 다시 오실 그리스도에 대하여 기록한 말씀입니다.

성경의 구성

성경은 전체 66권으로 구약 39권, 신약 27권으로 되어 있습니다.

나라와 직업이 각각 다른 40여명의 사람들의 손을 통해 약 1600년 간 기록되고 보존되어 왔습니다.

성경은 책 중에 가장 오래된 책이요 가장 많은 판매 부수를 가지고 있습니다.

저자: 어부, 농부, 정치 지도자, 왕, 철학자, 의사

언어: 히브리어, 아람어, 헬라어

1. 구약성경(신 5:1-3)

하나님께서 사람에게 향하신 첫 번째 약속으로, 창조와 타락과 그리스도의 구원에 대한 예언의 말씀으로 창조로부터 그리스도께서 오시기전 약 400년까지의 하나님께서 계획하시고 인간을 다스리시는 역사입니다. 이 책을 통해 장차 오실 그리스도의 모습을 발견하게 됩니다.

구약 성경을 구분하면(39권)

(1) 율법서(모세 오경) (5권)

창세기, 출애굽기, 레위기, 민수기, 신명기

(2) 역사서(12권)

BC. 1,000-600 년경 기록으로 하나님께서 택한 이스라엘 백성 즉 히브리 민족을 다루신 역사기록

(3) 시가서(5권)

(4) 대선지서(대예언서) (5권)

BC 750-550 책의 분량에 따라 대선지서, 소선지서 구분함

(5) 소선지서(12권)

BC 800-400

2. 신약성경(요 20:31)

예수 그리스도의 탄생과 그의 생애와 교훈 그리고 기독교의 시작의 역사와 구원의 도리, 미래에 대한 구원 계획을 가르쳐 주고 있습니다.

성경의 중심인물이 예수 그리스도이십니다.

신약 성경을 구분하면(27권)

(1) 4복음서(공관복음)(4권)

마태복음, 마가복음, 누가복음, 요한복음

(2) 역사서(1권)

사도행전

(3) 서신서(21권)

일반적으로 서신서들은 기독교의 교리와, 그리스도인의 믿음과 책임의 모든 것을 다루고 있음.

일반 서신과 바울 서신으로 구분됨

(4) 예언서(1권)

요한 계시록

성경 마지막 책으로 미래의 사건 즉 예수 그리스도의 재림과 통치와 영광, 그리고 신자와 불신자에 대한 미래의 상태를 말하였음.

구약성경은 십자가상에서의 그리스도의 희생을 바라보고 있으며 신약성경은 십자가에서 그리스도가 완성하신 사역에 기초를 두고 있습니다.

그러므로 신약은 구약에 감추어져 있고, 구약은 신약에 나타나져 있다고 할 수 있습니다.

* 성경 목록가를 배워서 암송하자.

* 익힘 문제

1. 다음(   )안에 알맞은 말을 써 넣으세요.
   성경은 모두 (66)권 인데 구약(39)권과 신약(27)권으로 되어 있습니다.

2. 성경의 중심이 누구십니까?
   답 : 예수 그리스도

3. 구약의 대선지서는 어느어느 책입니까?
   1) 이사야   2) 예레미야   3) 예레미야애가
   4) 에스겔   5) 다니엘

4. 신약의 공관복음은 어느어느 책입니까?
   1) 마태복음   2) 마가복음
   3) 누가복음   4) 요한복음

5. 신약의 예언서는 어느 책을 말합니까?
   답: 요한계시록

6. 벧후 1:21을 암송하고 써 보세요.

제 11 과 성경은 어떤 책인가

(딤후 3:14-17)

성경은 모든 사람의 믿음의 시작이요 성장의 요소요 종말에는 심판의 표준이 됩니다.

그러면 이 생명의 요소가 되는 성경은 어떤 책입니까?

1. 성경은 어떤 책인가?

(1) 성경은 하나님의 말씀입니다.

"모든 성경은 하나님의 감동으로 된 것으로"(딤후 3:16)

성경은 어떤 인간의 뜻이나 계획을 말하는 것이 아니고 바로 하나님이 성경기자들을 성령으로 감동시키어 하나님의 뜻과 계획을 전한 책입니다.

그러므로 성경은 시간과 장소, 인종, 언어, 풍습 등을 초월하여 모든 인류에게 세상 끝 날까지 생명의 책으로 남아 있습니다.

성경이 하나님의 말씀인 증거는 외증(**外證**)과 내증(**內證**)으로 들 수 있습니다.

외증이라 하면 성경의 통일성(내용이 충돌되는 사상이 없음), 예언의 성취, 성도들의 증언들(신앙고백)을 들 수 있고,

내증이라 하면 영감의 사실을 증거하는 성경 자체의 증거(출 17:14. 사 8:1)와 기자들 자신이 영감으로 기록됨을 말하셨으며(사 34:16) 예수님 자신이 증거(요 5:39, 10:35) 하셨습니다.

(2) 성경은 그리스도가 중심입니다.

성경은 인간과 하나님과의 관계를 말씀하시는 것으로 예수님은 죄로 원수 된 인간을 하나님과 화해하는 중심입니다. 그러므로 역사의 중심은 예수님입니다.

구약은 이 일을 위한 배경이 되었으며, 신약은 이 사실을 나타내 보여주고 있습니다.

구약성경은 이스라엘 백성과 그리스도께서 오실 것에 대한 설명이며, 신약성경은 인간으로 오신 하나님의 독생자 예수 그리스도에 관한 설명입니다(요 3:16).

　　　예: 그리스도는 화해자, 이혼 직전에 아들의 눈물 때문에
　　　　　화해한 예

(3) 성경은 길이요, 빛이요, 생명의 양식입니다.

성경이 모든 인생의 길이 되고 빛이 되고 생명이 된다는 것은 성경을 통해서만 생명 되신 하나님께 나아가는 길을 얻고 죄악으로 어두워진 세상에서 광명을 찾고 영생에 이르는 양식으로 공급받는다는 뜻입니다(시 25:4, 시 119:105, 눅 8:11).

2. 성경을 효과적으로 읽는 방법

(1) 매일 읽어야 합니다.

육신은 땅에서 나는 소산물을 먹고 살지만 영은 하나님의 입으로 나오는 말씀을 먹어야 삽니다. 매일 시간을 정해놓고 읽는 것이 중요합니다. 다음에 읽겠다는 것은 안 읽겠다는 말과 같습니다.

(2) 정 독 법

읽다가 은혜가 되고 생활에 지침이 될만한 성구에 줄을 긋고, 특기사항이나 장명을 붙이고, 요약 또는 암송할 성구들을 따로 공부하면서 읽는 법.

(3) 통 독 법

몰라도 계속 읽다보면 가끔 아는 것도 나오게 되고 설교를 듣는 중에 의문 나는 것도 풀리게 된다. 첫 번 읽을 때와 거듭 읽을 때마다 맛이 다르게 느껴진다.

(4) 지도자를 통해

체계적으로 배우는 것도 중요하다.

3. 성경기록의 목적

(1) 죄를 깨닫게 합니다(롬 3:20).

성경은 인간으로 그가 피할 수 없는 죄인임을 깨닫게 하여(롬 7:7) 그를 그리스도의 은혜의 자리로 이끕니다. 성경은 율법을 통하여 인간이 넘어서는 안될 한계선을 명시하여 범죄에 뒤따르는 무서운 결과를 명시하여 줍니다(신 11:26-28).

(2) 구원의 도리를 알게 하기 위함입니다.

성경의 기록 첫째 목적이 허물과 죄로 죽었던(엡 2:1) 인생으로 그리스도를 믿어 구원을 얻게 하는데 목적이 있습니다(요 20:31).

성경이 그리스도를 소개하는 책으로 그리스도의 오신 목적이 저를 믿어 죄와 사망에서 구원을 얻게 함입니다(마 9:13).

(3) 그리스도인의 생활의 원리를 알게 하기 위하여 입니다.

성경은 하나님의 피조물로 또한 자녀로서의 인간에게 도덕적 윤리적 규범을 보여주므로 생활의 지침을 알게 하여 줍니다(딤후 3:16).

예: 성경기록의 목적이 단번에 이루어진 사건

* 익힘 문제

1. 성경은 어떤 책입니까?
   답: 하나님의 말씀

2. 성경의 외적 증거는 무엇입니까?
   1) 통일성   2) 예언성취   3) 성도들의 증언

3. 성경의 내적 증거는 무엇입니까?
   1) 성경자체   2) 기자들   3) 그리스도 자신

4. 성경의 중심은 무엇입니까?
   답: 예수 그리스도

5. 성경을 기록한 목적이 무엇입니까?
   1) 죄를 깨닫게   2) 구원의 도리를 알게
   3) 생활의 원리를 알게

제 12 과 교회가 무엇인가

(고전 3:16-17)

가정은 나를 낳아주고 길러주고 세상을 떠날 때까지 끊을 수 없는 나의 삶의 터전입니다. 마찬가지로 교회 역시 모든 믿는 자들의 영적 가정으로 교회를 통해 내가 낳음을 받았고 키움을 받고 저 천국까지 계속 살아야할 삶의 터전입니다.

그러므로 교회가 무엇인가를 잘 알고 교회생활을 잘하는 것은 성도로서 무엇보다 중요한 일입니다.

1. 교회의 뜻

흔히 많은 사람들이 교회에 대하여 오해하고 있습니다. 교회라 하면 어느 장소에 있는 건물을 생각하거나 혹은 병 고치는 장소나 사람들의 정신적 불안을 해결해 주는 조직체로만 생각하는 이가 있습니다.

물론 교회에는 건물도 필요하고 병도 고칠 수 있고 정신적 불안도 없이 이해 줍니다. 그리고 조직도 필요합니다. 그러나 이것이 교회의 참 뜻은 아닙니다.

교회의 참뜻은 하나님께 부름 받아 예수 그리스도를 통하여 구원함을 받은 무리(행 2:44)를 말합니다.

교회의 단어 『에클레시아』 라는 말의 뜻이 불러내었다는 말로 하나님께서 이스라엘 백성을 애굽의 종살이에서 하나님의 능력으로 불러내었듯이 죄에서 의로 죽음에서 생명으로 어두움에서 빛으로 세상에서 천국으로 불러내었습니다.

예: 무교회론 안됨 (난로에서 타고 있는 석탄 밖으로 내 놓으면?)

교회는 사람의 생각에서 나온 것이 아니요. 하나님이 계획하시고(히 8:5), 예수 그리스도께서 세우시고(마 16:16-18), 성령이 거하시는 곳입니다(고전 3:16-17).

그러기 때문에 성경은 교회를 가리켜 하나님의 집(딤전 3:15), 그리스도의 몸(엡 1:23), 성령의 전(엡 2:21), 위에 있는 예루살렘(갈 4:26)이라는 여러 가지 별명들로 나타내고 있습니다.

예: 6·25때 공산당이 점령, 그때도 교회라 할 수 있을까요.?

2. 교회의 성질

(1) 교회의 주인은 하나님이십니다.

하나님은 교회를 세우셨고 다스리므로 교회의 참 주인이십니다. 그런 뜻에서 성경은 집을 세운 집주인은 교회를 하나님의 집이라 했고(엡 2:20-22), 목사나 당회나 기타 교회의 일꾼들은 하나님의 집을 잘 다스리도록 위임받은 청지기인 것 뿐 입니다.

　　　　예: 청지기= 맡은 자, 관리자라는 뜻이며 결산의 날 있다.

(2) 교회는 거룩함을 지키어야 합니다.

거룩하신 하나님의 집은 거룩함을 지키어야 합니다. 그러나 사람들은 종종 교회의 거룩함을 지키지 아니합니다. 그래서 성경은 이런 사람들에 대하여 많은 경고를 하고 있습니다(계 2:16, 고전 3:17, 엡 5:1-14).

(3) 교회는 모두 한 가족 입니다.

교회는 하나님을 아버지로 모시고 예수님을 신랑으로 맞이한(고후

11:2) 가족입니다. 가족의 특징은 사랑이 중심이요 피의 관계를 가지고 있습니다.

교회는 그 시작도 끝도 하나님의 사랑이요 예수 그리스도의 피공로로 이루어졌습니다. 그러기 때문에 교회가 하나님을 사랑하고 이웃을 사랑하는 것이 생명이요, 본분입니다.

예: 이씨, 박씨, 최씨가 어찌 한가족이 될 수 있나? (예수의 피, 혈연관계)

3. 교회의 구분

교회는 지역에 따라 미국교회 서울교회로 나눌 수 있고, 크고 작음에 따라 총회, 노회, 지교회, 가정교회 또는 성도 한사람 한 사람이 교회입니다.

그리고 이단을 제외하고 교파에 따라 장로교회, 감리교회, 성결교회 등 많이 있습니다.

그러나 이 모든 교회를 크게 둘로 나눌 수 있습니다. 눈에 보이는 교회(가견(可見)교회)와 눈에 안보이는 교회(불가견(不可見)교회)로 나눌 수 있습니다.

예: 현재 우리교회는 가견교회(전투교회라고도 함)

* 익힘 문제

1. 참 교회란 말의 뜻이 무엇입니까?
   답: 에클레시아 = 불러냈다

2. 교회의 성질에는 어떠한 것이 있습니까?
   1) 주인은 하나님   2) 거룩함   3) 모두 한 가족

3. 교회는 누가 계획하시고 세우셨습니까?
   1) 하나님이 계획하시고   2) 예수님이 세우심

4. 교회는 몇 가지로 구분할 수 있습니까?
   1) 가견 교회   2) 불가견 교회

5. (   ) 안에 알맞은 말을 써 넣으시오.
   교회는 하나님을(사랑)하고 (이웃)을 사랑하는 것이 생명이요 본분입니다.

6. 마 16:16을 암송하고 써보세요.

제 13 과 교회가 하는 일

(롬 10:13-17)

교회는 복을 받은 자들의 집합체입니다. 그러나 이 복에는 또한 복된 의무가 따릅니다.

내가 받은 복을 다른 사람에게 전하라는 명령입니다.

* 복 : 참 복은 그리스도를 소유한자

　(세상 복= 건강, 장수, 재물, 권력, 자녀)

* 의무: 자유의지 없다. 꼭 해야 함(국가의 3대 의무?)

* 명령: 전쟁 때 군인들 명령 불복종하면 총살도 무방함

　　예: 아브라함= 떠나라 바치라,,,,,예!

교회가 가장 귀중하게 할 일?

1. 말씀을 전파하는 일(전도)

하나님의 말씀을 진실하게 열심으로 전파하는 일입니다. 전도는 예수님의 명령이요 마지막 유언적 부탁의 말씀입니다. 이것이 성도의 의무입니다.

땅위에는 완전한 교회란 있을 수 없으나 그래도 좋은 교회란, 얼마나 하나님의 말씀을 순수하게 힘 있게 증거 했느냐에 달려있습니다. 말씀이 순수하지 못할 때는 신앙의 척도가 삐뚤어져 바른 신앙생활하기가 어렵습니다.

그러므로 바른 교회 바른 지도자를 만나는 것은 하나님의 은혜입니다.

  예: ① 좋은 교회란?

    (국회의원, 장관, 대통령이 출석한다고 좋은 교회가 아니다.)

   ② 신앙의 척도 : 재는 자, 굽으러지면 안됨.

   (정치, 경제, 과학, 철학 섞으면 안됨)

2. 성례를 정당하게 집행하는 일

성례는 예수님께서 전하여 주신 예식으로 세례와 성찬을 말합니다.

(1) 세 례 (마 3:13-15)

학습이란 교회에 출석한지 6개월 만에 행하는 예식으로 성경에는 정식 기록이 없습니다.

배워서 신앙을 고백하는 예식 (선교사들의 제정)

세례는 학습문답 받은 지 6개월 만에 받을 수 있는 것으로 마음의 준비와 경건을 지키는가를 보아 교회가 결정하는 것이며 본인은 교회 앞에 공적으로 신앙고백, 문답과 서약을 함으로 세례를 받게 됩니다.

세례는 하나님 앞에 회개하고 죄 씻음을 받았다는 증표로 형식상으로는 교회의 정식회원이 되며 선거권과 피선거권을 가지며 성찬식에 참석권한을 가지게 됩니다.

세례를 받아야 할 이유

* 예수님이 친히 세례를 주라 명령하심(요 1:33).

* 예수님 자신이 세례를 받으심(마 3:16).

(2) 성 찬(고전 11:23-27)

예수님께서 유형적으로 주신 설교의 내용입니다. 여기는 세례교인(정식회원)만 참석할 수 있습니다. 우리 죄를 대신해 십자가에 못 박혀 죽으신 예수님의 피와 살을 기념하는 것으로 포도주와 떡을 떼게 됩니다.

그러므로 성찬식에 참석할 자는 회개와 감사가 있어야 합니다. 죄를 회개하지 않고 성찬식에 참석하는 것은 오히려 죄를 먹고 마시는 것이니 삼가 조심해야 할 것입니다.

* 떡…예수님의 찢기신 살

* 포도주…예수님이 흘리신 피

3. 신실한 권징을 행해야 함(마 18:15-18)

말씀 전파와 성례는 하나님의 거룩함과 사랑을 증거하는 일이라면, 권징은 오염에서 방어하는 일입니다.

교회는 아직도 오염된 세상에 있기 때문에 교회 밖에서 더러운 물이 흘러들어 올 때가 있습니다. 이때마다 교회는 하나님과 성도들을 위해 오염을 속히 제거하여야 할 책임이 있습니다.

그러나 이 징계의 표준은 어떤 감정이나 전통이 아니요 영원히 거룩하시고 변함 없으신 하나님의 말씀이어야 합니다.

교회가 이 말씀이 어두워지면 눈이 어두워져 길을 잃게 되니 말씀의 순수를 지켜야합니다.

징계의 목적은 사랑이어야 합니다. 영혼을 구원하는 동시에 다른 영혼에 영향을 끼쳐 피해보는 일이 없도록 하기 위한 사랑의 행위입니다.

그러기에 징계는 가장 조심스럽게 분명하게 처리되어야 합니다. (고전 5:15, 계 2:14-16)

* 오염에서 방어=악한 세상에 물들지 않게.

예: 파상풍 환자는 아파도 잘라야 함(자를 때 사랑이 앞서야 함)

* 세례와 성찬은 제 26과에서 다시나옴

★ 익힘 문제

1. 교회가 하는 일 세 가지만 적어보세요
   1) 말씀 전파   2) 성례 집행   3) 권 징

2. 좋은 교회란 어떤 교회를 말합니까?
   답: 말씀을 순수하게 전파하는 교회

3. 성례란 무엇과 무엇입니까?
   1) 세 례   2) 성 찬

4. 권징이란 무엇을 뜻하는 말입니까?
   답: 영혼구원을 위해 세상 오염에서 방어하는 일

5. (   )안에 맞는 말을 넣으세요.
   1) 세례는 하나님 앞에서 (회개)하고 (죄 씻음)을 받았다는 (증표)입니다. 정식회원이 되면(선거권)과 (피선거권)을 가지며 (성찬식)에 참석할 수 있습니다.
   2) 성찬식의 떡은 예수님의 (살)을 포도주는 예수님의 (피)를 기념하는 것입니다.

제 14 과 교회의 회원과 직원

지난 과에서 교회의 참뜻은 하나님께 부름 받아 예수 그리스도를 통하여 구원함을 받은 무리란 것을 공부했습니다. 그리고 교회의 주인은 하나님이시라는 것도 이미 배웠습니다. 그러나 가견교회에서는 질서유지를 위해 조직이 필요합니다.

1. 교회의 회원

(1) 교회 회원의 자격

불가견교회에서는 누구나 예수 그리스도를 그 마음에 모시었으면 하나님의 백성입니다. 그러나 가견교회에서는 교회에 출석하는 것만으로는 회원이 될 수 없고 한 지역 교회법에 따라 가입서(등록카드)를 내어야 되고 또한 여러 증인 앞에서 신앙고백을 하여야 합니다.

교회가 베푸는 세례는 증인 앞에서 자기가 죄인임을 알고 예수 그리스도를 구주로 영접한다는 신앙고백입니다.

그러므로 가견교회에서는 세례교인만 교회의 정식회원으로 받아집니다.

* 참고

① 원입교인 = 교회에 등록된 일반교인

② 학습교인 = 교회에 출석한지 6개월에 첫 신앙고백하고 받음

③ 세례교인 = 학습 받고 6개월 후에 신앙 고백을 하고 받음

④ 유아세례 = 부모의 신앙고백으로 생후 만 2년 안에 받음

⑤ 입교인 = 유아세례 받은 자가 만15세에 자기 신앙 고백으로 서약함. 이때부터 정식 세례교인의 의무와 권리가 부여됨

(2) 교회 회원의 의무

하늘나라 백성으로 지상교회의 회원이 되는 것은 명예스러운 일입니다. 그러나 이 같은 명예는 또 하나님의 백성으로서의 의무가 따릅니다.

① 성경에 기록된 대로 하나님의 말씀을 잘 지키어 살아야 하고(골 3:1-3)

② 모든 집회에 참석하여 교회생활을 잘하여야하고(행 2:42-46)

③ 몸과 마음과 물질을 드려 헌신생활을 잘하여야 합니다(고전 6:19, 20, 말 3:10).

2. 교회의 직원

교회는 교회가 맡은 임무를 수행하기 위하여 직원이 필요합니다.

성경에 나타난 교회의 직원은 비상직원과 통상직원으로 구분하여 말할 수 있습니다.

    비상직원 = 선지자나 사도같이 교회의 창설을 위하여 특별히 택함을 받은 사람(오늘날은 없음)

    통상직원 = 지금같이 교회의 유지를 위하여 조직체 안에서 택함 받은 사람

사도행전에 보면 성령님은 교회의 일을 위하여 교회 안의 장로와 집사를 세웠습니다.

장로는 교회를 치리하고 가르치는 일을 하는데 오늘날에는

    목회장로: ↗ 목사 : 가르치는 일과 치리를 겸함
             ↘ 장로 : 치리만 함

집 사: ↗ 집사 : 오늘날의 안수집사(교회 살림 맡음) 항존직
         ↘ 서리집사 : 1년 직으로 매년 임명되어야 함
기 타: 강도사, 전도사, 권사, 권찰

3. 교회의 회의들

가견교회는 시공간의 제약을 받고 사는 사람들의 모임이기 때문에 질서를 유지하기 위하여 조직이 필요합니다. 조직이 있으면 자연히 모임이 필요합니다.

그 회의들을 보면!

(1) 당회

당회 구성은 노회가 인정하는 교역자(목사)와 평신도 대표인 장로로 구성됩니다.

당회는 교회정치의 중심으로 말씀에 근거하여 교회를 잘 다스려야 할 책임을 가졌고, 교인은 말씀에 근거한 당회에 순종할 의무가 있습니다.

(2) 제직회

제직회는 교회의 살림을 맡아보는 기관으로 치리기관은 아닙니다.

교역자와 장로 그리고 집사로서 구성됩니다.

교회 형편에 따라 전도사, 강도사, 권사, 서리집사도 정식 구성원이 될 수 있으나 권찰은 제직회원으로 인정이 안됩니다.

(3) 공동의회

공동의회는 세례교인 누구나 회원자격을 가지고 선거권과 피선거권을 행사 할 수 있으며 예산결산을 인준합니다. 그밖에도 여러 가지 위원회와 전도회들이 있습니다.

* 우리교회의 위원회 또는 회의들을 알아봅시다.

* 익힘 문제

1. 교회의 정식회원의 자격을 쓰시오.
    답: 세례교인

2. 교회 회원의 의무 세 가지는 무엇입니까?
    1) 말씀을 잘 지키고   2) 집회 참석   3) 헌신 생활

3. 교회직원 두 가지는 무엇입니까? (공부한 범위 내에서)
    1) 비상직원   2) 통상직원

4. 초대교회 장로는 지금의 누구들입니까?
    1) 목 사   2) 장 로

5. 초대교회 집사와 지금의 집사를 구분해 보세요.
    1) 안수집사   2) 서리집사

6. 당회의 구성원은 누구들입니까?
    1) 목 사   2) 장 로

7. 교인이 당회에 순종할 이유가 무엇이라 생각합니까?
    답: 말씀에 근거한 당회이기 때문임

제 15 과   교회생활은 어떻게

(시 84:1-4, 10-12)

◈ 교회생활

교회생활은 우리의 영혼을 소생시키며 갈급한 심령을 충족시키고 강건하게 해줍니다. 그러므로 우리는 열심을 내어 교회생활을 할 것입니다(시 84:1-12).

교회생활은 크게 예배와 교육과 봉사 그리고 성도의 교제로 나눌 수 있습니다.

1. 예 배

하나님은 예배하는 자를 찾으십니다(요 4:23).

예배는 창조주와 피조자와의 기본자세입니다(히 9:1-10).

오히려 땅의 교회는 여러 성도들이 모여 하나님께 예배하는 데 의의가 있습니다.

예배가 없는 모임이나 사업은 하나님과 관계없고 아무 필요가 없습니다.

예: 기본자세 ① 자식이 부모 섬김 ② 백성이 나라의 의무
③ 인생이 하나님 섬김은 당연한 일

신령과 진정으로 예배한다는 것은 살아 계신 하나님의 임재를 느끼면서 나를 위해 고난 당하신 예수 그리스도의 피 공로에 의지하여 회개하며, 감사하며, 간구하며, 헌신을 다짐하는 생명의 표현입니다(롬12:1-2).

예배자는 단정하고 경건한 태도로 엄숙히 예배하여야 합니다.

잡담이나 사사로운 인사말이나 성경 외의 다른 책을 보지 말고, 낙서하지 말고, 기도시간에 드나들거나 경솔한 행동을 삼가야 하며 예배시간에 늦어도 안됩니다.

예: 하나님의 임재를 느끼자, 대통령 앞이라면?
중심 보신다고 몸가짐을 아무렇게나 할 수 없다.

(1) 예배의 종류

　①새벽기도회(행 5:21) ②주일 낮 예배(행 20:7)

　③주일 저녁 예배　　④수요 예배 (1, 2부)

　⑤금요 철야 예배　　⑥구역예배　⑦기타 등등

(2) 예배의 순서

　① 기 도 : 하나님과의 대화

　② 찬 송 : 하나님의 영광을 찬미(엡 5:19)

　③ 설 교 : 하나님의 진리가 선포되는 시간(행 17:2)

　④ 헌 금 : 예배자의 몸과 마음과 생활 전체를 드린다는 표시

　　* 주일헌금(고전 16:2)　* 감사헌금　* 십일조(말 3:10)

　　* 구제헌금　* 장학헌금　* 선교(전도)헌금　* 월정 헌금

　⑤ 축 도 : (고후 13:13)　(주기도)

　　예; 축도 전에 나가는 일

2. 교육

교회 회원은 피차 가르침을 받는 동시에 가르쳐야 합니다. 교회생활 중에 성경 교육은 하나님의 뜻과 진리와 명령과 규범을 알 수 있을 뿐 아니라 진리를 수호할 수 있는 담력과 말씀을 전할 수 있는 능력을 얻게 합니다.

교회는 이 성경교육의 사명을 위해 년령에 맞는 많은 각부 교회학교와 주간 성경공부반과 각종 훈련과정을 두고 있습니다. 성도는 날마다 하나님의 말씀을 배우는 일에 열심을 다해야 할 것입니다.

* **아무리 설교가 좋아도 주일 낮 예배 한번으로 신앙이 성장 못함. 반드시 교육해서 믿음이 성장해야함(먹어야 산다).**

3. 봉사

봉사는 제 21 과에서 따로 취급하므로 이번 과 에서는 그대로 통과함

4. 성도의 교제

교회 안에서 성도의 교제는 대단히 아름다운 열매중의 하나입니다. 친교와 상부상조하는 일은 모든 형제들의 생활의 밑받침이 됩니다.

그리스도가 죽으신 것은 개인적으로는 나를 죄에서 구속하시기 위함이요 또 우리 성도간의 화목의 아름다운 열매를 얻으시기 위함입니다(고후 5:18).

초대교회는 모일 때마다 이 성도의 교제를 게을리 하지 않았습니다(행 2:42-45).

예: 초대교회

* 익힘 문제

1. 교회생활을 크게 몇 가지로 나눌 수 있습니까?
   1) 예 배   2) 교 육
   3) 봉 사   4) 성도의 교제

2. 많은 예배 중 본인이 참석하는 예배는 어느 어느 예배입니까?
   참석하는 예배만 쓰세요.
      답:

3. 예배순서에 꼭 필요한 순서를 기록해 보세요.
   1) 기 도   2) 찬 송   3) 설 교
   4) 헌 금   5) 축 도 (주기도)

4. 바른 예배자의 태도를 써 보세요.
      답: 단정하고 엄숙히 경건히 하나님의 임재를 느끼며

5. 우리교회 교회학교는 어떤 부가 있습니까? 아는 대로 써보세요.
      답:

제16과 그리스도인의 가정생활

(수 24:15)

가정은 사람이 태어나서 살다가 세상을 떠날 때까지 영원히 떠날 수 없는 삶의 터전입니다. 이 가정은 하나님께서 처음 주례를 맡아주신 아담과 하와로부터 시작되었습니다.

하나님은 최초의 가정인 그들에게 복을 주사 생육하고 번성하여 땅에 충만하라 땅을 정복하라, 다스리라고 하셨는데 인간의 불순종과 범죄로 말미암아 많은 가정들이 파괴되고 있습니다. 그러나 그리스도인의 가정은 에덴의 가정을 회복하는 삶을 살아야 하겠습니다.

1. 아름다운 부부 생활

(1) 하나님을 공경하는 생활(창 2:18-25)

⊙ 서로가 자기의 본분을 지키는 생활을 해야겠습니다.

* 아내는 남편에게 복종하라(주안에서)(엡 5:22).

* 남편은 아내를 사랑하라(주님이 교회를 사랑하듯)(엡 5:25).

말씀대로 살려고 노력할 때 불가능을 가능케 해 주십니다.

(2) 믿음으로 하나 되는 생활

부부는 하나님께서 정해주신 배필임을 인정해야 합니다. 각각 다른 환경에서 성장했기 때문에 단번에 맞을 수는 없습니다. 둘이 같이 말씀을 읽고, 두 손잡고 기도하면서 말씀대로 실천하려고 노력할 때 믿음이 하나 되고 생각이 하나 되어 아름다운 부부의 삶을 살 수가 있습니다(엡 4:26).

예: 주님 모신 부부

2. 가족 간의 화목

화목은 돈으로도 살 수 없고, 권력으로 빼앗을 수 없습니다. 화목이 깨지면 행복은 도망갑니다. 특히 한국사회의 고질적인 문제인 고부간의 갈등은 해결하기 어려운 문제로 되어 있습니다. 그러나 하나님의 말씀 안에서는 불가능이 아닙니다.

서로의 입장을 바꿔놓고 생각하고 서로를 위해 기도할 수 있다면, 그리고 진정으로 사랑하고 공경하면 마귀가 틈탈 사이 없어 화목이 유지되고 행복은 찾아오게 됩니다(잠 17:1).

화목은 가정행복을 가져다주는 열쇠입니다.

　　예: 룻

3. 자녀 교육(신 6:4-9)

자녀는 하나님이 주신 선물입니다. 감사하면서 청지기적 사명을 갖고 양육해야 합니다. 마땅히 행할 길을 어려서부터 가르쳐야 합니다.

① 기초교육의 중요성을 깨달아야 합니다(잠 22:6).

　　예: 모세와 어머니 요게벳

② 생활이 본이 되어야 합니다.

　* 사랑의 실천....이웃사랑, 말씀, 기도, 봉사의 모습

③ 자녀를 이해하고 편애하지 말아야 합니다.

④ 하나님의 좋은 일꾼으로 양육하여야 합니다.

4. 대화하는 가정

대화는 마음을 주고받는 일입니다. 대화가 끊어지면 화목이 깨집니다. 부부간의 대화, 고부간의 대화, 부모자식간의 대화, 좀 더 나가서 하나님과의 대화가 대단히 중요합니다.

(1) 대화가 단절되면,

① 오해가 쌓인다 ② 고독해 진다 ③ 미워진다

④ 분노한다 ⑤ 살인의 원인이 된다

⑥ 합병증의 원인도 된다

⑦ 국제간의 대화단절은 전쟁신호

(2) 대화의 유익은

① 사랑이 확인된다   ② 잘못을 시인한다

③ 용서할 힘이 생긴다 ④ 행복한 가정을 이룬다

⑤ 하나님이 함께 하신다

5. 예배드리는 가정

　가정예배는 그리스도인 가정의 특징이요 특권입니다. 하나님께서 내려주시는 복을 받는 통로입니다. 이 가정 예배를 통해 부부생활이 아름다워지고 고부간의 갈등이 해소되고 부모자식간의 진정한 사랑이 싹이 틉니다. 가정예배를 통해 믿음의 대(代)를 이어가는 복된 귀한 가정이 되시기를 바랍니다.

　* 오늘부터 가정예배 드리자.

* 익힘 문제

1. 어떤 부부가 아름다운 부부입니까?
   1) 하나님을 공경하는 부부
   2) 믿음으로 하나 되는 부부

2. 가정의 행복을 가져오는 열쇠가 무엇입니까?
   답: 화목

3. 자녀교육은 언제부터 하는 것이 가장 좋습니까?
   답: 어려서부터

4. 다음 (   )안에 알맞은 말을 써넣으시오.
   가정예배는 그리스도인 가정의 (특징)이요 (특권)입니다.
   하나님께서 내려주신 (복)을 받는 (통로)입니다.

5. 그리스도인의 가정의 특징이요 특권이 무엇입니까?
   답: 가정예배

6. 엡 4:26을 암송하고 써보세요.
   답:

제 17 과 그리스도인의 신분

(빌 3:20-21)

"우리의 시민권은 하늘에 있는지라"(빌 3:20) 땅에 살면서도 하나님 나라의 백성이라는 것이 그리스도인의 신분입니다. 그러나 성경은 그리스도인의 이 신분이 너무도 존귀해서 여러 면으로 설명하고 있습니다.

그 중에 세 가지만 들어 공부하겠습니다.

예: 지옥 시민증으로 천국 못감

1. 우리는 하나님의 자녀입니다.

예수 그리스도를 믿으면 누구나 다 하나님의 자녀가 됩니다(요 1:12, 롬 8:14). 그러나 이 하나님의 자녀가 되는 것은 사람의 어떤 조건에 의하지 않고 하나님의 작정에 의하여 나를 택하시고(엡 1:4, 5) 이미 이루어놓으신 예수 그리스도의 구속의 의를(엡 1:7) 성령님을 통하여 믿게 하므로(엡 1:13) 하나님의 자녀가 됩니다.

그러므로 성령의 감동을 받고 예수 그리스도를 믿게 되었다는 것은 하나님이 만세 전에 나를 하나님의 자녀로 택하셨다는 증거입니다.

그러면 하나님은 왜 나를 하나님의 자녀로 삼으셨습니까?

하나님의 무조건적인 사랑이 우리를 죄 중에 그대로 버려 둘 수가 없어 당신의 독생자 예수 그리스도를 통해 우리를 살리셨습니다.

하나님의 자녀 된 우리는 감사하면서 날마다 성령에 의하여 새로워지고 그리스도의 형상을 본받아 하나님의 자녀의 신분을 갖추어야 할 것입니다.

> 예: 누구의 자녀이냐? 나의 나된 것은 하나님의 은혜
> (대통령의 자녀도 당당한데)

2. 우리는 그리스도의 신부입니다.

성경은 그리스도인을 그리스도의 신부로 표현하고 있습니다(마 25:5, 계 21:2, 9). 이것은 그리스도인의 윤리적 관계로 정결과 순결을 강조하고 있습니다(고후 11:2, 계 14:4).

그러므로 그리스도의 신부로서 정결을 지키기 위해서는 두 마음을 품지 말아야 합니다. 즉 그리스도와 세상을 겸하여 섬길 수 없다는 말입니다(마 6:24, 고후 6:15, 왕상 18:21).

> 예: 두 마음을 품지 말라(동가식 서가숙(東家食 西家宿) 할 수 있나?)

세상에서 살아가는 데는 돈과 명예와 가족이 필요합니다. 그러나 이런 것들을 주시는 주인보다 더 사랑할 수는 없습니다. 오히려 하나님은 주인 되신 하나님을 잘 섬길 때 이런 것도 풍성하게 주시겠다고 하셨고(마 6:33) 하나님보다 세상을 더 의지하는 자는 음녀와 같이 속히 망하겠다고 (시 73:27) 하셨습니다.

   예: 정절, 순결…신부 (新婦),   부모 (父母) = 혈연관계

3. 우리는 성령의 전 입니다.

그리스도인 안에는 하나님의 성령이 거하시므로 성령의 전이라고 합니다. 이 말은 그리스도인은 반드시 하나님의 거룩함을 지키어야 한다는 도덕적 행위를 강조하고 있는 것입니다(고전 3:16).

먼저 마음을 정결하게 하여야 합니다. 그리고 말과 행위가 깨끗하여 변화된 생활을 하여야 합니다. 추한 생각이나 시기와, 질투, 욕심을 버리고 항상 그리스도의 주신 것으로 만족하여야 합니다(골 3:5-10).

   예: ① 그릇은 무엇을 담느냐에 따라 명칭이 달라짐

      우리 몸에 무엇을 담겠느냐?

      ② 집에 누가 사느냐? 강도의 소굴, 의인의 집, 궁궐

♣ 갈 5:22-23 성령의 9가지 열매를 써보세요

* 익힘 문제

1. 그리스도인의 시민권은 어디에 있습니까?
    답 : 하늘

2. 어떻게 하면 하나님의 자녀가 될 수 있습니까?
    답 : 예수 믿으면

3. 성경은 그리스도인을 어떻게 표현하고 있습니까?
    답 : 신부

4. 그리스도인의 신분을 크게 세 가지로 구분해 쓰세요.
    1) 하나님의 자녀   2) 그리스도의 신부
    3) 성령의 전

5. 누구의 작정에 의하여 하나님의 자녀가 되었습니까?
    답 : 하나님

6. 요 1:12을 암송해서 쓰세요.

제 18 과 그리스도인의 새생활

(마 5:13-16)

그리스도인은 예수님을 영접하면서 그 신분이 바뀌어집니다. 다시 말해서 생활의 근본이 바뀌어 졌다는 말입니다. 이것을 나무로 비유하면 나쁜 열매 맺는 나무 가지를 잘라 좋은 열매 맺는 나무에 접붙인 것과 같습니다(롬 11:17).

그러므로 참 그리스도인은 행실로 좋은 열매를 맺게 되어 있습니다(마 7:16-18). 다시 말하면 옛 사람 옛 생활은 끊어버리고 새사람으로 새 생활을 하게 된다는 것입니다.

성경은 이 같은 그리스도인의 새 생활을 세상의 소금으로, 세상의 빛으로, 그리스도의 향기로 비유해서 설명해 주고 있습니다.

예: 누구의 지배를 받느냐

6·25 때 공산당 포로들이 공급원이 달라지니 주먹밥이 쵸코렛으로 바뀜

1. 세상의 소금 된 그리스도인 (마 5:13)

세상은 죄로 인해서 부패했고 부패하므로 맛을 잃었다는 점에서 그리스도인은 그리스도로 말미암아 살았고 생의 즐거움을 찾았습니다. 그러므로 그리스도인은 세상의 소금입니다.

소금의 역할이 많겠지만 그 중에 부패를 방지하고 맛을 내는 것은 대표적 역할입니다. 마음에 그리스도를 모신 사람은 소금을 둔 것과 같아서 세상의 죄 된 생각 죄 된 행실을 버리고 오히려 그리스도의 일을 한다는 말입니다. 그러므로 세상의 소금으로서 그리스도인은 세상을 본받지 말고(롬 12:2, 요일 2:15-17), 믿음과 지혜를 가지고 다른 사람에게 유익된 말, 유익된 일을 하여야 합니다(막 9:50).

그러나 이 같은 일은 소금이 녹듯이 자기의 희생이 요구됩니다.

예: 소극적: 녹는다, 손해본다, 양보한다, 희생한다
　　적극적: 맛을 낸다, 필요한 사람이 된다

2. 세상의 빛 된 그리스도인

성경은 그리스도인을 또 세상의 빛으로 비유해서 말씀하고 있습니다. 빛은 어두움을 물리치고 밝은 생활을 하게 합니다.

소금은 소극적인 면을, 빛은 적극적인 면을 말하는 것으로 그리스도인의 생활도 소극적으로 어두움의 생활을 버려야 하고(롬 13:12-14) 적극적으로는 빛의 생활을 해야 합니다(엡 5:8-14).

그리스도인의 빛 된 생활은 갈 5:22-24에 잘 나타나 있습니다. 이 빛 된 생활은 그리스도로 말미암아야 하고 그리스도를 위하여 해야 합니다.

그리스도인은 빛의 아들들이기 때문입니다(엡 5:8).

> 예: 적극적 생활 빛을 낸다, 태양이 떠오르면 밤은 물러간다
>
> 사울은 다메섹에서 변화되었다.

3. 그리스도의 향기로서의 그리스도인(고후 2:14-16)

이것은 그리스도를 믿는 자의 착한 행실을 말하는 것으로 불신자는 여기에 해당되지 않습니다. 혹 불신자도 세상에서 착한 일을 하는 것 같으나 결국 그것은 자기를 위한 것이며 천지의 주인이신 그리스도와는 아무 상관이 없습니다.

그러므로 죄도 하나님께 대하여 죄된 것처럼 선도 여호와 하나님께 대하여서만 선이 성립됩니다.

그러므로 참된 선은 그리스도를 위하는 믿음으로 행하지 않으면 안되고 믿는 이면 또한 어느 곳에 가든지 그리스도인의 향기를 나타내야 할 것입니다.

사랑과 진실과 겸손과 죄와 타협하지 않는 정의와 부지런함이 그리스도의 향기입니다.

예: 어떤 냄새를 낼 것인가? (입에서 마늘냄새?)

성경을 안 가져도 성도의 냄새가 나야함

* 익힘 문제

1. 성경은 그리스도인의 새 생활을 무엇으로 비유하고 있습니까?
   1) 소 금   2) 빛   3) 향 기

2. 그리스도인의 신분이 바뀌었다는 말은 무슨 뜻입니까?
   답: 생활의 근본이 바뀐 것

3. 세상의 소금으로서의 그리스도인은 어떠해야 합니까?
   답: 세상을 본받지 말고 타인에게 유익을 주는 말, 일을 한다.

4. 세상의 빛 된 그리스도인의 생활은 어떠해야 합니까?
   답: 어두운 생활을 버리고 적극적으로 빛 된 생활하자.

5. 갈 5:22~23 을 읽고 써 보세요.

제 19 과 그리스도인의 시험

(약 1:2-4)

새로운 삶이 시작되는 그리스도인에게도 유혹과 시험은 그림자처럼 따릅니다. 오히려 마귀는 그리스도인이 하나님의 백성 된 것을 싫어하여 더욱 맹렬히 공격합니다. 그러나 염려할 것은 없습니다. 그리스도 안에서는 승리가 보장되었기 때문입니다(벧전 5:8-10).

1. 시험의 두 가지

사람들이 시험을 받는 형태는 같을지 모르지만 그 방향과 내용은 서로 다릅니다.

하나는 믿음의 연단을 위하여 시험을 받으나, 하나는 자기 욕심에 끌려 믿음에서 떠났기 때문에 시험을 받습니다(약 1:12-15).

예: 시험 피하는 방법: 태양을 향하라 그림자는 뒤에 있다.

시련은 연단, 하나님이 허락하신 훈련, 잘 받으면 성공의 지름길

2. 사람이 유혹과 시험에 빠지는 이유

(1) 자기의 욕심 때문에

욕심이란 하나님의 허락하신 것 이상의 것을 탐하거나 하나님 이상으로 명예나 권세나 돈이나 향락을 좋아하는 것입니다. 그러므로 욕심은 마귀와 짝하게 되고 유혹에 빠져 죄를 범하게 됩니다(약 1:5).

예: 가룟유다

(2) 자기의 연약함을 모르기 때문에

자기의 연약함을 모르면 교만하고 교만하면 하나님을 의지하지 않고 마귀의 유혹을 이기지 못해 죄에 빠집니다(잠 16:18). 그러므로 항상 자기의 연약함을 알고 조심하고 하나님을 굳게 의지하여야 합니다.

(3) 믿음이 굳세지 못하므로

마귀는 항상 우리의 약한 부분을 노립니다. 진리지식이 약하면 그것을

시험하여 이단사설로 또는 의심을 주어 시험합니다. 또는 게으른 습성이나 도덕적 나쁜 결함이 있으면 그것을 통해 시험합니다. 그러므로 이 같은 시험거리를 제거하기 위해 말씀을 읽고 기도하여야 합니다.

예: 진리지식(말씀)이 약해서

3. 초신자가 많이 당하는 시험

(1) 습관적 우상 숭배에 빠지기 쉽다.

믿기 전에 가졌던 습성을 그대로 가지고 있어 교회에 나오면서도 허탄한 꿈 이야기에 매이거나 손금, 택일, 관상에 매여 성령을 근심케 하는 사람이 있습니다(고후 6:16).

인간의 마음을 미혹하는 이 마귀의 장난을 끊어야 합니다.

예: 처음부터 단오하게(죽을 각오하면 승리)

(2) 제사로 인하여 많은 시험을 당한다.

제사는 유교의 "효"(孝) 사상에서 온 것으로 그 뜻은 좋습니다. 그러나 성경은 사람이 죽으면 모든 것이 끝나고 모든 것은 살았을 때 유효하다고 가르칩니다(눅 16:25).

그러므로 효도 부모가 살아 계실 때 효이지 영혼이 없는 시체 앞에 절하는 것은 우상숭배가 될 것뿐입니다.

다만 추모예배로 부모의 유훈을 되새기며 고인의 후손으로 사람답게 살겠다는 결심의 예배는 드릴 수 있습니다.

예: 잠 잘 때도 모르는 데(살아 계실 때 효도)

(3) 불신 식구들의 핍박

마귀는 나와 가장 가까운 식구들을 충동시키어 믿음 생활을 방해하는 경우가 많습니다. 그러나 이 시험을 잘 이기어야 합니다.

그 승리의 방법은,

첫째는 죽음을 각오한 인내,

둘째는 자기의 책임을 다하여 변화된 모습을 보여주고 계속 친절로 봉사할 것입니다.

그리고 기회가 있을 때마다 친절한 말로 믿음을 권유해야 합니다.

예: 순교자를 생각하자

예수 믿다 머리 깎인 며느리가 시아버지 구원함

* 익힘 문제

1. 시험에는 몇 가지가 있습니까?
   1) 시 험
   2) 시 련(연단)

2. 사람이 유혹과 시험에 빠지는 이유는 무엇입니까?
   1) 자기욕심
   2) 연약을 몰라
   3) 믿음이 약해

3. 초신자가 많이 당하는 시험에는 어떤 것들이 있습니까?
   1) 습관적 우상숭배   2) 제 사
   3) 불신 식구들의 핍박

4. 불신 식구들의 핍박을 이기는 방법은 어떤 것들이 있습니까?
   1) 죽음을 각오한 인내   2) 자기의 책임 다하라
   3) 변화된 모습 보이며 전도해야함

5. (   ) 안에 알맞은 말을 넣으시오
   효도는 부모가 (살아 계실 때) 효이지 영혼이 없는 시체 앞에 절하는 것은(우상숭배)가 될 뿐입니다.

제 20 과 그리스도인의 싸움

(엡 6:10-17)

그리스도인은 예수님을 믿음으로 그 신분이 하나님의 백성으로 바뀌었습니다. 그러나 아직까지 우리 몸은 완전히 성화 되지 못한 죄악의 습성이 그대로 있고(롬 7:18-24) 세상의 악과 악마의 도전(엡 6:12)이 계속되고 있기 때문에 성도의 지상생활에서 싸움은 불가피한 것입니다.

> 예: 악마와 싸우다가 사람과 싸우지 마라, 혈과 육의 싸움은 안 된다.
>
> 싸울 수밖에 없는 싸움(영적 싸움)은 반드시 이겨야 함

1. 싸움의 대상

(1) 악마와 싸운다(벧전 5:8, 9).

마귀는 영물이라 우리의 육안으로 볼 수 없습니다. 그러나 마귀는 확실히 있습니다. 그리고 마귀는 인격체로서 사람보다 힘이 있고 영리하여

사람은 어느 누구도 마귀를 당할 수는 없습니다. 다만 마귀는 하나님만 두려워하므로 하나님 안에 있을 때 절대 손 못 댑니다(욥 1:8).

그러므로 마귀에 대하여는 경히 여길 것도 아니요 그렇다고 두려워할 것도 아닙니다. 그리스도 안에서는 항상 승리뿐이기 때문입니다.

> 예: 마귀는 하나님을 믿는 사람을 두려워함 (무당이 대를 못 올림)
>
> ♪ 393장 우리들의 싸울 것= 군대, 육체, 혈기 아니다.

(2) 세상의 악과 싸운다(엡 5:5-7).

성경은 아직도 이 세상의 공중권세 잡은 자가 악마라고 말씀합니다(엡 2:2). 그러므로 세상은 악마의 장난으로 불법이 성합니다(빌 3:19). 우리는 이 같은 불법에서 떠나야 합니다. 이 거센 세상의 악과 싸우기 위하여서는 어떤 때는 배고프고, 고독하고, 오해를 사고 까닭 없이 미움을 받을 때가 많습니다. 그러나 이것이 오히려 구원의 빙거인 것을 알고 고난을 각오한 투쟁이 필요합니다(빌 1:28-30).

> 예: 까닭 없이 미움 받은 다니엘

(3) 자신의 정욕과 싸운다(고후 7:1).

그리스도인들도 육체의 연약함으로 인하여 종종 악에 빠집니다(롬 7:18-19). 그러므로 하나님의 원하는 거룩함으로 살기 위해서는 자기가 싸움의 대상이 됩니다.

자신의 정욕과 혈기와 교만과 게으름과 싸우지 않으면 안됩니다. 자신의 악을 알고 자신을 제어하는 일은 무엇보다 중요하고 힘듭니다. 그러므로 말씀과 기도 속에서 성령의 힘으로가 아니면 안됩니다.

    예: 산중적, 심중적

2. 싸움에 이기는 방법

(1) 하나님의 전신갑주

진리와 의의와 평안의 복음과 믿음과 구원의 투구와 성령의 검으로 단단히 무장을 해야 합니다(엡 6:10-17).

    예: 땅의 무기 아니다

(2) 인내가 있어야 승리합니다(히 12:1-4. 11:1-40).

    예: 끝까지 (참을 수 없는 것까지) 연습(훈련)

(3) 자기를 절제해야 합니다(고전 9:25-27).

싸움을 하는 군인이 자기가 하고 싶은 대로 다 하고서는 승리할 수 없습니다. 그렇다고 고행주의를 말하는 것은 아닙니다. 우리는 구원을 얻은 자로 승리를 목표한 절제입니다.

(4) 경건의 연습을 해야 합니다(딤전 4:7, 8).

경건은 악습을 버리고 사랑의 실천자가 되게 하는 훈련입니다. 생각은 항상 적극적이고 말과 행동은 항상 감사와 기쁨 속에 사는 연습입니다.

　　　예: 연습하자→ 버리는, 사랑하는, 감사하는, 기뻐하는(훈련)

* 익힘 문제

1. 예수를 믿음으로 그 신분이 어떻게 바뀌었습니까?
   답 : 하나님의 백성으로

2. 성도의 신앙생활에서 싸움의 대상은 무엇입니까?
   1) 악마   2) 세상   3) 자신의 정욕

3. 어떻게 해야 싸움에서 이길 수 있습니까?
   1) 하나님의 전신갑주를 입자   2) 인내
   3) 절제   4) 경건의 연습

4. 다음 (   ) 안에 알맞은 말을 넣으세요.
   1) 마귀는 (영체)이기 때문에 우리 눈으로 볼 수 없다.
      마귀는 (하나님)만 두려워한다.

   2) 경건은 (악습)을 버리고 (사랑)의 실천자가 되게 하는 훈련입니다.

제 21 과 성도의 봉사생활

(마 20:26-28)

아무리 좋은 영양을 섭취하고 신선한 공기를 호흡한다 하여도 적당한 운동이 없으면 성장에 장해가 있는 것처럼 영혼의 성장에 있어서도 말씀과 기도와 봉사가 필요합니다.

1. 봉사의 필요

(1) 생명의 특징

믿음은 생명이고 생명의 특징은 움직이는 것입니다. 움직이지 못하는 사람이면 죽은 사람이거나 마네킹입니다. 마찬가지로 믿음은 이론이 아니고 그리스도의 사랑을 받고 그리스도를 사랑하는 생명의 활동입니다. 그러므로 믿음과 믿음의 봉사생활은 분리할 수 없습니다(약 2:17, 갈 5:22-23).

(2) 봉사는 자기성장에 필요

우리의 육체중 한 부분을 몇 달 쓰지 않고 그대로 두면 그 부분은 퇴보하거나 장애자가 됩니다. 영적 생활도 이와 같아서 하나님께로 받은 은사는 그리스도를 위해 봉사할 때 더욱 성장합니다(롬 1:17).

예: 사해바다가 된 이유를 생각하자

(3) 하나님이 청지기적 봉사를 요구하십니다.

영으로 계신 하나님은 우리로 주님의 손발이 되어 주님의 일 하시기를 원합니다. 우리에게 은혜주신 목적이 그리스도께 봉사하기 위함입니다. 그렇지 못하면 있는 것까지 빼앗깁니다(벧전 4:10, 마 25:29).

- ⊙ 청지기= 맡은 자, 관리인, 주인의 것을 맡아 주인의 뜻대로 관리함. 내 맘대로 하는 것 아니다.

2. 봉사의 태도

(1) 믿음으로 봉사해야 합니다(골 3:17, 23).

그리스도를 대상으로 하지 않는 봉사는 그리스도와는 관계가 없습니다.

(2) 믿음의 봉사는 겸손해야 합니다(빌 2:2-8).

(3) 믿음의 봉사는 자기의 이를 탐하지 않는 진실한 태도로 하여야 합니다(출 18:21).

(4) 믿음의 봉사는 인내하여야 합니다(히 10:36).

악한 세상에서 의의 봉사는 고난이 따르고 고난을 이기는 힘은 믿음의 인내가 있어야 합니다.

예: 사람이 보던지 안 보던지 하나님 앞에서 기쁨과 감사로 함

3. 봉사의 방법

(1) 일상생활 그 자체가 그리스도께 대한 봉사생활이 되어야 합니다(고전 10:31, 마 5:13, 14).

(2) 자기의 가진 것을 통하여 봉사(눅 19:12-27)

자기에게 주어진 모든 것을 하나님께로부터 주어진 것을 알고 특별히 자기가 남달리 가진 것으로 주께 봉사하기를 힘써야 합니다. 그것이 돈일 수도 있고 재주일 수도 있고 건강일 수도 있고 특별한 사랑의 마음일 수도 있습니다.

(3) 교회가 하는 일에 적극 참여함으로 교회는 그리스도인 생활의 중심이 되어야 합니다.

그러므로 교회가 하는 일은 주님의 명을 따라 하는 것이고 내가 할 일입니다. 교사, 성가대, 전도회, 각종 봉사하는 일터를 찾아 자원하는 심정으로 일해야 합니다.

* 적극 봉사하자. 구경꾼이나 방해꾼 되지 말자

* 익힘 문제

1. 봉사는 왜 필요한가?
   1) 생명의 특징   2) 자기성장
   3) 하나님이 원하심

2. 생명의 특징이 무엇입니까?
   답 : 움직이는 것

3. 봉사의 태도는 어떠해야 합니까?
   1) 믿음   2) 겸손
   3) 진실   4) 인내

4. 봉사는 어떤 심정으로 해야 합니까?
   답 : 자원하는 심정

5. 다음(   )에 알맞은 말을 써넣으세요.
   믿음의 봉사는 (겸손)하여야 합니다.
   악한 세상에서(의의)봉사는 (고난)이 따릅니다.

제 22 과   헌신의 이유

(롬 12:1-3)

헌신이란 나 중심에서 하나님중심의 생활로 바꾸어 완전히 하나님께 바치는 생활을 말합니다. 누구든지 그리스도로 말미암아 새로운 삶을 얻었다면 이 헌신의 생활은 불가피합니다. 이것은 물에 사는 물고기가 자연히 헤엄칠 수밖에 없는 것과 같습니다. 그리고 누구나 절대자 하나님께 완전히 헌신될 때만 행복합니다.

  예: 새…공중을 날아다님은 당연지사,

   물고기…헤엄침은 이상할 것 없다.

   사람의 헌신도 너무나 당연하다.

왜 그럴까요?

1. 나 자신이 주님의 것이기 때문입니다(고전 6:20).

본래 우리는 죄 가운데 있어 마귀의 것이 되어 영원히 죽을 수밖에 없었지만 사랑 하나 때문에 그리스도께서 우리 죄를 대신해 죽으심으로 우리를 구원해 주셨습니다.

그러므로 우리는 우리의 것이 아니요 주님의 것으로 사나 죽으나 주님을 위해 살아야 합니다(롬 14:8, 빌 1:20).

2. 주님이 헌신을 요구하시기 때문입니다.

"아무든지 나를 따라 오려거든 자기를 부인하고 자기 십자가를 지고 나를 좇을 것이니라 누구든지 나와 복음을 위하여 제 목숨을 잃으면 구원하리라"(막 8:34, 35)

예수님께서 자기를 따르는 자들을 향하여 하신 말씀입니다. 창조주로서 또한 구속주로서 마땅한 요구이신 것을 생각하면 더욱 놀라지 않을 수 없습니다(렘 29:11).

예: 겁쟁이 베드로가 어떻게 순교까지 할 수 있었을까?

3. 보상이 약속된 헌신이기 때문입니다.

주님께 대한 헌신은 피조물로서 또 구속함을 받은 신자로서 당연한 것입니다. 자기 할 것을 했기 때문에 잘한 것도 없습니다. 오히려 우리같이 천한 것들에게 헌신을 요구하시고 헌신을 받아 주시니 황송한 것뿐입니다. 그런데 여기에 헌신에 보상까지 약속으로 해주시니 더욱 감사하지 않을 수 없습니다.

　　예: 마땅히 할 일 했는데도, 효자상? 충신훈장? 보상약속

그러면 헌신생활에는 어떤 보상이 있습니까?

(1) 현실생활에 풍성한 삶을 가져다 줍니다.

의의 열매가 가득하게 하고(요 15:5) 또한 물질생활에도 모자람이 없이 넉넉하게 해주십니다(마 6:33).

(2) 마음에 평화가 있습니다.

생의 시련이 많은 고난의 땅에 살면서도 그리스도를 모시고 몸 바쳐 사는 사람은 항상 마음의 평화가 있습니다(요 14:27).

(3) 영원한 상급을 얻게 됩니다.

이 상급은 누구도 빼앗을 수 없고 세상에서는 맛도 못 보는 최상급의 상급입니다(계 7:17, 21:4, 롬 8:18).

　　예: 스데반의 얼굴이 왜 천사의 얼굴과 같았을까?

* 익힘 문제

1. 헌신이란 어떤 생활을 말합니까?

    답 : 나 중심 생활에서 → 하나님 중심생활로 바뀌는 것

2. 왜 헌신생활을 해야 합니까?
    1) 나는 주님의 것
    2) 주님이 요구하심
    3) 보상 약속

3. 왜 내가 주님의 것입니까?

    답 : 주님이 피로 사셨기 때문

4. 헌신의 생활에 어떠한 보상이 약속되어 있습니까?
    1) 풍성한 삶   2) 마음의 평화
    3) 영원한 상급

5. 막 8:34을 암송하고 써보세요.

제 23 과   헌신의 방법

(고전 6:15-20)

제 22 과 에서 헌신이란 나 중심에서 하나님 중심의 생활로 바꾸어 완전히 하나님께 바치는 생활을 말한다고 했습니다. 그러면 어떻게 헌신할 수 있겠습니까? 구체적으로 나 자신은 물론 내가 가진 모든 것으로 하나님을 위해 바쳐지는 생활을 말합니다.

1. 내 몸을 의의 병기로 드려야 합니다.

우리의 몸은 영혼을 담는 그릇으로 잠시 동안 사용되지만 또한 성령을 모신 거룩한 성전입니다(고전 6:19). 그러므로 육체의 정욕대로 육체를 따라 살 것이 아니요 하나님의 말씀을 따라 의의 병기로 사용되어야 합니다(롬 12:1).

   예: 칼이 누구 손에 쥐었느냐?
   나를 누구에게 드릴 것인가?

그러기 위해서는 .

(1) 악한 습관에 젖어 있는 옛 친구를 멀리하고 진실한 성도를 가까이 한다(시 1:1).

(2) 교회를 중심한(자신의 쾌락보다) 봉사생활을 열심히 한다.

(3) 돈만 생각하지 말고 공익을 위한 정당한 직업생활을 할 것입니다.

* 나의 실생활을 간증해보자

2. 마음을 드려야 합니다.

몸으로 아무리 봉사를 잘해도 마음을 드리지 않거나 딴 생각을 가지고 있으면 속은 빼놓고 쭉정이만 드리는 것이 됩니다(마 15:8). 이런 일은 자신도 오히려 손해이거나 가증한 일이 되어 하나님의 심판을 언젠가는 받게 됩니다.

그러므로 우리는 마음을 드려야 합니다(요 4:24).

그러기 위하여 날마다 하나님의 은혜를 생각하고 기도 생활을 그치지 말아야 하며 하나님의 말씀을 듣고 읽는 일을 열심히 하여야 할 것입니다. 그리고 모든 공예배에 잘 참석하고 가정예배를 진실하게 드릴 것입니다.

그리고 무슨 일을 하든지 예수님의 이름으로 하고 예수님의 힘으로 하여야 합니다(골 3:17, 고전 10:31).

> 예: 몸은 여기에, 마음은 콩밭에…이런 헌신 안 받으심

3. 가진 것을 드려야 합니다.

세상에 태어날 때 아무것도 가지고 온 것이 없습니다. 빈손 들고 알몸으로 왔지만 지금까지 먹고 입고 쓰고 살게 하신 것은 모두가 하나님의 은혜입니다. 그러므로 우리의 가진 것을 감사 함으로 하나님께 드려야 합니다.

(1) 물질을 드려야 합니다.

물질은 우리가 세상을 살아갈 때에 없어선 안 될 꼭 필요한 것입니다. 그러나 이것을 하나님이 주시지 않으면 받을 수 없다는 것, 그러므로 하나님이 주셨다는 것과 꼭 필요하다는 것은 그만큼 귀하다는 말입니다(신 8:17, 18).

우리는 하나님 앞에 귀한 것을 감사함으로 드려야 하겠습니다.

① 십일조(말 3:10)…모든 것을 바친다는 대표적 원리로서 십분의 일은 최저 선입니다.

십일조는 헌금의 기준이요, 세례교인의 의무이기도 합니다.

② **주일헌금(출 23:15)…자기의 있는 대로 정성껏 드릴 것입니다.**

하나님께 나오는 자는 빈손으로 나오지 말라고 했습니다.

③ **구제헌금** ④ **전도(선교)헌금** ⑤ **감사헌금** ⑥ **기타헌금**

나의 헌금생활은? (빈손, 알몸으로 출생. 모든 것은 주님의 것)

(2) 시간을 드려야 합니다.

내게 시간이 있다는 것은 하나님께서 내 생명을 연장시키어 주셨다는 뜻입니다. 하나님께서 지금이라도 내 생명을 거두시면 내 시간은 없습니다. 그러므로 하나님이 주신 시간을 낭비하지 말고 하나님의 영광을 위하여 쓰여져야 합니다.

① **주일을 거룩히 지키어야 합니다.**

하나님께서 복 주시기로 정하신 날입니다. 이날은 내 날이 아닙니다. 세상의 모든 일을 끊고 하나님께 예배하는 날입니다. 상거래나 육체의 오락을 위한 날이 아닙니다.

이날은 거룩하게 종일 지키어야 합니다.

② **매일의 시작과 진행과 끝을 하나님과 함께 하는 생활을 해야 합니다.**

기도와 말씀생활이 생활화가 되어야 합니다.

(3) 재능을 드려야 합니다.

사람에게는 누구나 다 모자라는 부분이 있는가 하면 또 남이 갖지 못한 재능을 가지고 있습니다. 이 재능도 내 것이 아니라 하나님이 주신 것입니다. 하나님이 주신 재능으로 하나님께 충성 봉사하시기를 바랍니다.

＊ 내게 있는 재능을 찾아보자

* 익힘 문제

1. 우리의 몸을 무엇으로 드리라고 했습니까?
   답 : 의의 병기

2. 다음 (   )안에 알맞은 말을 써 넣으세요.
   우리의 몸은 (영혼) 을 담는 (그릇)이라 했습니다.
   몸으로 아무리 봉사를 잘해도 (마음)을 드리지 않으면
   (속)은 빼놓고 (쭉정이) 만 드리는 것이 됩니다.

3. 가진 것 중에 특히 무엇과 무엇을 드려야 합니까?
   1) 물질   2) 시간   3) 재능

4. 헌금의 기준이 무엇입니까?
   답 : 십일조

5. 십일조를 드리지 않는 사람은 하나님의 것을 어떻게 한 사람과 같다고   했습니까? (말 3:8 참고)
   답 : 도적질

6. 시간은 나에게 무엇과 같습니까?
   답 : 생명

7. 신 8:17~18을 5번 읽으시고 써보세요.

제 24 과 전도는 어떻게

(막 16:15-16)

이세상의 사랑 중 가장 극치의 사랑은 생명을 구원하는 일입니다. 물에 빠진 사람을 건져주는 것, 즉 육신의 생명을 구하는 일이 귀한 일이라면 영원히 영원히 영생하는 영혼을 구원하는 복음을 증거하는 일은 더 더욱 귀한 일입니다.

예: 가장 큰사랑, 생명 (영혼구원)

1. 복음이 무엇입니까?

복음을 전해야 할 성도가 먼저 복음이 무엇인가를 알고 자신이 확신을 가지고 전해야 할 것입니다.

(1) 복음은 기쁜 소식입니다.

세상에도 기쁜 소식이 가끔 있습니다. 그러나 세상의 기쁨은 영원하지 못하고 변질됩니다. 그것은 근본문제가 해결되지 않기 때문입니다.

참 기쁜 소식은 무엇입니까?

예수 그리스도 자신입니다. 그는 하나님 자신으로서 죄인을 구원하러오신 구세주이십니다(눅 2:10-11). 우리는 이 사실을 전하는 것입니다. 성경 전체가 이 사실을 여러 면으로 설명하고 있습니다.

예: 세상의 기쁨과 영원한 기쁨을 비교해보자

(변질됨)   (영원불변)

(2) 그러므로 이 복음이 무엇인가 ?

내가 연구하고(행 17:11) 내가 믿고 회개하고(막 1:15) 복음에 합당한 삶을 살아야 할 것입니다(빌 1:27).

2. 복음을 전해야 할 이유

(1) 하나님께서 나를 부르시고 구원하신 목적

'나만 믿고 오너라' 하심이 아니라 '나를 통하여 또 다른 사람에게 전하라'는 뜻이 계십니다.

(2) 예수님의 최후의 부탁이요 유언적 명령입니다(마 28:19-20).

예: 유언은 불효자식도 지키려고 노력합니다, 우화)청개구리

(3) 전도는 생명을 사랑하는 사랑의 생활입니다.

(4) 전도하면 하늘의 상급이 큽니다(단 12:3).

(5) 나의 체험적 믿음을 위해서입니다.

예: 전도 해본 사람의 체험담

3. 전도의 방법들

(1) 몸과 시간을 드려 직접 나가 전도함이 제일 좋은 방법입니다.

그러나 형편에 따라 그렇지 못할 때에는 다른 방법으로도 전도는

해야 합니다.

(2) 기도로서 전도하는 일입니다.

몸이 불편하거나 시간도 물질로도 할 수 없다 할지라도 전도하시는 분들을 위해 기도하는 일은 게을리 해서는 안 될 것입니다.

(3) 물질로 전도하는 일입니다.

몸은 건강하지만 시간을 낼 수 없이 바쁜 분들도 물질을 드려 내 대신 전도사업에 동참할 수 있습니다.

(4) *개인전도   *집안전도   *대중전도   *노방전도
  *직장전도   *태신자 전도   *기타방법

예: 어느 한 가지든 실천해보자.

* 익힘 문제

1. 사랑중의 가장 극치의 사랑은 무엇입니까?
   답: 생명구원

2. 복음이란 무엇입니까?
   답: 기쁜 소식

3. 왜 나를 예수 믿게 하셨습니까?
   답: 다른 사람에게 전하라고

4. 예수님의 최후의 부탁이 무엇입니까?
   답 : 전도

5. 다음(   )안에 맞는 말을 써넣으세요.
   복음을 전하면 하늘의 (상급)이 크다.
   나의 (체험적) 믿음을 위해서도 전도해야 한다.

6. 내가 직접 나가 전도 못해도 전도할 수 있는 방법은 무엇입니까?
   1) 기도   2) 물질

7. 전도의 제일 좋은 방법은 무엇입니까?
   답 : 몸과 시간을 드려 직접 전도하는 일

제 25 과 천국은 어떤 곳인가

(계 21:1-4)

천국은 우리가 상상할 수없이 아름다운 곳입니다. 완전히 흠과 티가 없는 행복과 기쁨만이 가득찬 곳입니다. 그곳에는 눈물도 없고, 가슴 치고 통곡할 일도, 주림이나, 아픔이나 외로움, 죄와 죽음이 전혀 없는 곳입니다. 천국은 하나님이 계신 곳, 그가 통치하시는 곳입니다.

1. 천국과 인생

사람이 어디서 왔다가, 무엇을 하다가, 어디로 가는가? 이것을 모르고 사는 사람은 참된 삶을 살았다고 할 수 없습니다. 인생은 나그네요, 세상은 여관이라 했습니다. 나그네는 일이 끝나면 더 이상 여관에 머무를 필요 없이 고향으로 돌아가야 합니다. 고향이 어디입니까?

> 예: 불신자의 고백 "인생은 나그네길 어디서 왔다가 어디로 가는가?"   몰라

(1) 인생의 고향

태초에 하나님이 천지를 창조하시고 맨 나중에 인간을 자기의 형상대로 만드셨습니다. 그런데 인간은 창조주와의 약속을 어기고 하나님을 배반함으로 하나님의 품에서 쫓겨나 죄악 세상에 살고 있습니다. 많은 사람이 이러한 근본을 모르고 살아가고 있습니다.

인간은 하나님의 피조물로서 하나님께로부터 왔습니다. 그러므로 인생의 고향은 하나님 나라입니다.

(2) 인생의 사는 목적(고전 10:31)

인생은 왜 이 세상에 살고 있습니까?

먹기 위해? 살기 위해? 살고 있습니까?

어디서 왔는지 모르기 때문에 삶의 목적도 모른 채 살고 있습니다.

성경 소요리 문답 제1문: "사람의 제일 되는 목적은 무엇인가?" 라는 물음에

"사람의 제일 되는 목적은 하나님을 영화롭게 하는 것과 영원토록 그를 즐거워하는 것이다." 라고 되어 있습니다.

하나님의 창조하신 피조물 중, 존재의 목적이 없는 것은 하나도 없습니다. 그 중에서도 자기의 형상대로 지으신 사람에게는 가장 중요하고 큰 목적이 주어져 있습니다. 그게 뭡니까? 영광 받으시기 원하신다는 말입니다.

우리는 예수 그리스도의 은혜와 성령의 새롭게 하시는 은혜로 거듭난 심령으로 모든 영광을 하나님께 돌리는 것이 인생의 삶의 제일 되는 목적이 되는 것입니다.

(3) 인생과 종말

인간은 태어날 때부터 계속 먼 길을 가고 있습니다. 그런데 어디로 가는지 알고 가는 사람, 모르고 가는 사람 두 종류의 사람이 있습니다. 길은 두 갈래길이 있습니다.

①위로 올라가는 좁은 길 (고난의 길) : 천국으로 가는 길.

②아래로 내려가는 넓은 길(편한 길) : 지옥(멸망)으로 가는 길.

인간 스스로가 두 길 중 하나는 반드시 가야 하는 길입니다. 성도는 비록 좁은 길이나 천국으로 가는 길을 택해야 할 것입니다.

2. 천국에 갈 자격자

천국은 누구나 가고 싶어하는 곳입니다. 그러나 아무나 다 갈 수는 없습니다. 천국에 갈 자격을 갖춘 자라야 들어갈 수 있습니다. 그가 누구입니까?

(1) 의인이 가는 곳

죄 없는 자만이 들어갈 수 있습니다. 그런데 세상에 죄 없는 자가 있습니까?

"의인은 없나니 하나도 없으며"(롬 3:10, 23). 또 "모든 사람이 죄를 범하였으매 하나님의 영광 이르지 못하더니" 라고 말씀하셨습니다. 그럼 누가 의인이 될 수가 있습니까?

창 15:6절에 "아브라함이 여호와를 믿으니 여호와께서 이를 그의 의로 여기시고" 라고 했습니다.

요 1:12절에 "영접하는 자 곧 그 이름을 믿는 자들에게는 하나님의 자녀가 되는 권세를 주셨으니" 라고 하셨습니다. 행위의 의가 아니라 믿음의 의인을 말하는 것입니다. 이것이 하나님의 은혜입니다.

(2) 준비 된 자가 가는 곳

죽을 것을 알고 미리 준비 한자(창 49:29, 33), 야곱은 분명히 자기가 갈 것을 알고 아들들을 불러 유언적 축복을 하고 자기의 유골에 대한 부탁까지 했습니다.

* 모세(신 34장) 다윗(왕상 2장)죽음에 대한 지혜로운 준비를 했습니다.

사람은 무엇으로 심든지 그대로 거둔다는 진리를 알고 썩어질 육체의 일을 위해 심지 말고 성령을 심어 영생을 거두는 천국백성이 되시기를 바랍니다.

* 익힘 문제

1. 천국에는 누가 계신 곳입니까?
   답: 하나님

2. 다음 (   )안에 알맞은 말을 써 넣으시오.
   인생은 (나그네)요 세상은 (여관)이라 했습니다.
   나그네는 (일)이 끝나면 더 이상 (여관)에 머무를 필요
   없이 (고향)으로 돌아가야 합니다.

3. 인간은 어디로부터 왔습니까?
   답 : 하나님

4. 사람의 제일 되는 목적이 무엇입니까?
   답 : 하나님을 영화롭게 하며 영원토록 그를 즐거워하는 것

5. 인생 종말에 두 갈래 길은 어디와 어디입니까?
   1) 천국   2) 지옥

6. 천국 갈 자격자가 누구입니까?
   1) 의인   2) 준비된 자

7. 성경 소요리 문답 제1문과 그 답을 암송으로 써보세요.
   답:

제 26 과 세례와 성찬

(롬 6:3-4)

1. 세례란 무엇이냐?

세례란 신약의 한 성례로서 그리스도와 연합하여 그의 수난과 그의 피로 말미암는 속죄, 그의 보내신 성령님의 활동으로 인한 거듭나는 것, 양자 되는 것, 영원한 생명과 부활과 영화에 참예 할 인표가 되며 성부와 성자와 성령의 이름으로 물을 가지고 씻는 것이며 물로서 뿌리거나 침수함으로 베푸는 성례입니다.

(1) 세례의 말 뜻

신약에 헬라어로 "밥티죠"로 번역한 구절로, 찍는다, 적신다, 뿌린다, 잠근다 라는 뜻이 있는 말입니다(왕하 5:14).

세례의 양식은 두 가지로 볼 수 있습니다. 침례교의 침수와 장로교의 뿌리는(적시는) 양식을 모두 인정합니다.

(2) 세례는 3위의 이름으로 베풂

"아버지와 아들과 성령의 이름으로 세례를 주라"(마 28:19) 라고 했습니다. 그러므로 주례자가 유명하든 안하든 상관없이 세례를 3위의 이름으로 베푼 것은 다 인정합니다.

(3) 세례 받을 자격자

* 장년세례

① 예수님을 구주로 영접하고 바른 신앙고백을 한 사람.

② 학습 받고 6개월 동안 열심히 신앙생활을 잘 했다고 당회가 인정한 사람.

③ 예수 그리스도에게 복종하고 교회법을 준수하기로 결심한 사람.

* 유아세례

① 부모가 바른 신앙고백을 한 사람으로서 자녀를 하나님 앞에 바쳐 하나님의 말씀대로 양육하기로 약속한자.

② 어린이 나이가 만 2세 미만의 어린이.

* 입교문답

부모의 신앙으로 유아세례 받은 자로서 만 15세 되면 본인의 신앙고백으로 입교문답하고 정식회원(세례교인)이 된다.

(4) 세례를 꼭 받아야 하나 ?

① 예수님은 하나님이시면서도 세례를 받으셨다.

② 예수님이 세례를 받으라고 명령하셨다.

(5) 세례교인의 자격과 권한

① 성찬식에 참석할 자격이 있다.

② 선거권과 피선거권이 부여된다.

2. 성찬의 뜻

(1) 예수님께서 친히 제정하신 예식.

예수 그리스도께서 잡히시기 전날 밤에 떡과 포도주를 가지사 축사하시고 떼어주시고, 잔을 가지사 부어주시면서 받아 먹으라, 이것은 내 몸이요 내 피니라, 너희가 이 떡을 먹으며 이 잔을 마실 때마다 이것을 행하여 나를 기념하라 고 말씀하셨습니다.

참고 성구: 마 26:26-29, 막 14:22-25, 눅 22:19-20, 고전 11:23-25.

(2) 성찬에 참예자의 마음가짐

주의 성찬에 참예할 때 예수 그리스도를 나의 구세주로 신앙을 고백하고 나의 마음에 임금으로 모시고 지극한 충성심을 다하며 그의 명령을 순종하는 생활 할 것을 중심으로 다짐하면서 참석해야 합니다.

(3) 성찬에 참석할 자격자

교회 앞에 공적으로 신앙 고백한 정식 세례교인(입교문답한자, 개종문답한자)만 참석 할 수 있습니다.

반드시 회개와 감사와 결심이 있어야합니다.

* 익힘 문제

1. 세례의 말의 뜻이 무엇입니까?
    답: 찍는다, 적신다, 뿌린다, 잠근다

2. 세례는 누구의 이름으로 베풉니까?
    답: 성부 성자 성령의 이름으로

3. 다음(   )안에 알맞은 말을 써넣으시오.
    장년세례는 예수님을 (구주)로 영접하고 바른 (신앙고백)한 자, 유아세례는 (부모)의 신앙고백으로 받으며, 나이는 (만 2세) 미만인 어린이

4. 성찬식에는 누가 참석할 수 있습니까?
    답 : 정식 세례교인

5. 성찬은 누가 제정한 것입니까?
    답 : 예수님

6. 성찬식에 떡과 포도주는 무엇과 무엇을 뜻합니까?
    떡 : 예수님의 살
    포도주 : 예수님의 피

7. 성찬은 언제 제정한 것입니까?
    답: 예수님이 잡히시기 전날 밤

부록 1

학습·세례 문답준비 단기 교안

학습・세례 문답준비 단기 교안

학습을 받으세요 하면, 아무것도 몰라서, 또 준비가 안 되어 다음에 받겠어요 하는 분들이 많다. 그러나 핑계하지 말고 용기를 내어 결심하고 기도하고 성령을 의지하고 와서 공부하고 받으면 확신이 온다.

예 : 글을 몰라 학교 못 가겠다, 믿고 보니 알게 되고 알고 보니 믿음 온다,

믿음은 대상을 필요로 한다. 대상이 없이 믿음이 있을 수 없다. 그러나 많은 사람들이 믿음의 대상을 올바르게 찾지 못하여 이리저리 방황하고 있다.

우리의 믿음의 대상은 뚜렷하다.

오직 유일하신 하나님이시다

그 하나님은 어떠한 분이시냐?

1. 믿음의 대상

가) 하나님

(1) 하나님은 어떠한 분이신가?

① 상천하지에 홀로 계신 분(유일신)(신 6:4)

② 만물을 창조하신 분(말씀으로)(창 1:1, 요 1:3)

③ 전능하신 분(사 9:6)

④ 영으로 계신 분(육안으로 못 봄)(요 4:24)

⑤ 인격적이시다 (계 3:19)

⑥ 사랑이 많으신 분(요 3:16)

⑦ 삼위로 계신 분(성부 성자 성령)(마 28:19)

(2) 하나님이 계신 증거

① 양심이 증거 한다.(죄짓고 못살아) (벧전 3:21)

② 만물이 증거 한다(산천초목)(시 19:1)

③ 성경이 증거 한다(창 1:1, 출 3:14, 요 3:16)

④ 예수님이 증거 하심(요 8:42, 요 14:9, 눅 23:46)

나) 예수 그리스도(마 1:18-21)

(1) 이름의 뜻

① 예수 : 구원자(마 1:21)

② 그리스도 : 기름 부은 자(왕, 제사장, 선지자)(마 1:16)

   (히브리어로 메시아)

(2) 예수님은 누구신가?

① 참 하나님이시다. 100% (요일 5:20)

그의 잉태하심과 그의 하신 능력들이 하나님이심을 증거 한다.

② 참 사람이시다. 100%(눅 2:6, 7)

그 출생의 모습과 인간의 모든 특징이 참 사람이심을 증거 한다.

③ 우리의 구주가 되심(롬 6:23)

그는 우리를 죄에서 죽음에서 건져 구원해 주시려고 십자가를 지셨다.

(3) 예수님의 하신 일

① 천국 복음을 가르쳐 주심

하늘의 비밀을 인간의 머리로서는 알 수 없는 것을 예수님이 친히 오셔서 열어서 보여주심 (계시의 종교)

② 우리를 위해 죽으시고 살아나심(마 20:28)

십자가의 죽으심은 실패가 아니라 하나님의 사랑의 뜻을 이루는 승리다. 부활은 기독교에만 있는 큰 자랑이다.(빈 무덤)

③ 성경대로 다시 오실 것(행 1:10, 11)

* 성경대로 오시었고(초림, 아기 예수) 구약예언대로(갈 4:4)

* 성경대로 죽으셨고(살아 계실 때 하신 말씀대로) (마 27:59)

* 성경대로 부활하심(40일 간 땅위에 계심)(마28:6)

* 성경대로 승천하심(500여 문도들이 보는데서)(행1:10)

* 성경대로 오시리라(약속대로 오실 것을 믿는다)(행1:11)

♣ 언제까지 예수 믿으시렵니까?   끝까지

끝 = 죽을 때까지, 주님 재림 때까지.

2. 믿음의 시작

가) 인간은 누구?

(1) 하나님의 피조물이다(6일간)

① 하나님의 형상대로 지음을 받았다(창 1:26).

② 만물을 다스리도록 지음을 받았다(돼지 머리에 절)(창 1:28).

③ 에덴동산에서 살도록 허락 받았다.
   그런데 하나님과의 약속을 어겼으므로 쫓겨났다(창 3:6).

(2) 인간은 죄인이다.(롬 3:23)

죄가 무엇이냐?

① 하나님의 말씀을 불순종하는 것(창 3:11)

② 하나님을 믿지 아니하는 것

③ 그래서 죽음이 왔다(쫓겨나는 순간 영이 먼저 다음 육체도).

♣ 인간의 3大문제: 죄(罪) 죽음(死) 구원(救援)

(인간에는 해결자가 없다)

나) 구 원 (救援)

(1) 구원을 받으려면?

① 예수님을 나의 구주로 영접해야 한다(요 1:12).

② 입으로 시인해야 한다(롬 10:10).

③ 믿음으로 얻는다(롬 10:9).

♣ 사람의 노력과 선행으로 얻어지는 것이 아니다.

④ 다른 데로서 구원은 절대 없다(행 4:12).

(2) 중생 (重生)해야 한다.(요3:3)

♣ 중생이란?

① 거듭난다. 다시 난다.

죄와 허물로 죽었던 자가 다시 살고 마귀의 종이 하나님의 백성으로 바뀌는 신적변화(身的變化)를 말한다.

② 예수님을 영접하여 구원에 이르게 하는 하나님의 은혜의 선물이다.

♣ 중생은 어떻게 이뤄지나?

① 물과 성령으로 거듭난다.(물=하나님의 말씀)

② 죄를 회개할 때 이뤄진다.

③ 하나님의 말씀을 듣고 마음에 받아 드릴 때 이뤄진다(요 1:12).

♣ 중생의 특징은?

① 인위적 방법으로 되지 않는다.(수단 방법 재간으로 안됨)

② 하나님의 단독 사역이다.(타협하지 않음)

③ 내적인 변화로서 외적으로 나타나 보이지 않는다.(확신)

④ 단회적이다.

　한번 중생하면 영원히 하나님의 백성으로 산다.(넘어지고 쓰러져도)

(3) 회개(悔改)해야 한다.

♣ 회개란 무엇이냐? (단순 후회 아니다.)

① 방향을 바꾸는 것이다.

② 죄에 대하여 슬퍼한다. (다윗의 회개의 모습)

③ 죄의 습성을 버리는 것이다.(악습을 끊는다)

④ 청산하는 생활이다. (하나님께도 사람에게도)

♣ 회개의 결과

① 사해 주신다.(지은 죄가 아무리 무겁고 커도) (요일 1:9)

② 등 뒤로 던져버림(보이지 않게) (사 38:17)

③ 도말해 주심(지워주심) (시 51:9)

④ 안개같이 사라지게 하심(해만 뜨면) (사 44:22)

⑤ 눈과 같이 희게 하심(가장 깨끗이) (사 1:18)

⑥ 죄가 가리움 받음(등화관제)

3. 믿음의 성장 (엡 4:13-16)

가) 성장의 필요성

♣ 왜 성장해야 하나?

① 복음은 생명이기 때문이다(요 5:24).

② 열매 맺기 위해(골 1:10)

③ 유혹과 핍박을 이기기 위해(어린이는?) (엡 4:14)

④ 그리스도의 삶을 닮기 위해(표준이다) (엡 4:13)

나) 성장의 요소

(1) 성경(딤후 3:16-17)

① 하나님의 말씀이다(사 34:16, 요 5:39, 출 17:14).

② 영의 양식이다.

③ 그리스도가 중심이다.

④ 성경을 기록한 목적

　　* 죄를 깨닫게 하고 (경찰이 고문해도)

　　* 구원의 도리를 알게 하며(과학, 철학책에 없다)

　　* 신자의 생활원리를 알게 하려고

♣ 원저자는 하나님(성령으로 기자들에게)

♣ 기자는 사람

⑤ 성경의 구성과 구분

　　* 주전 1500년경-----주후 100년　약 1,600년간

　　* 약 36명-40명의 기자가 1,200의 방언으로 번역됨

　　*　구약: 39권　　신약: 27권　　합: 66권

　　*　구약: 929장　　신약: 260장　　합: 1189장

(2) 기　도

① 하나님과의 대화(성도의 특권)

② 영적 호흡이다

③ 기도의 내용　(모범기도 주기도 마6:9-13)

* 하나님 아버지   * 감사   * 회개   * 간구

* 예수님의 이름으로 기도함

(3) 봉 사

① 생명의 특징이다.(움직임)

② 자기성장에 유익하다.(샘물을 보라)

③ 하나님께서 요구하신다.(청지기적 봉사)

④ 봉사자의 마음가짐

* 믿음으로, 구원의 확신을 가지고 감사한 마음으로

* 겸손히, 남을 나보다 낫게 여기는 희생적 봉사

* 진실하게, 사람의 눈가림만 하지말고 사람이 보던 말던 하나님 앞에서

* 인내로서, 힘이 들고 어려워도

(4) 경건의 연습

① 매일 성경 읽기(하루 3장, 주일 5장)

② 자기를 쳐서 복종시키는 생활(미움, 다툼, 시기, 질투, 혈기 등)

③ 지상에서 천국생활을 연습하자 (거지왕자)

천국이 아무리 좋아도 연습 없이는 하나님을 뵐 수 없

다.

④ 성수주일: 개근하자.(하나님께서 복주어 거룩하게 하신 날)

4. 교 회 생 활

가) 교 회 란?

① 복 받은 자들의 집합체

교회는 어느 장소에 있는 건물만을 가리키는 것이 아니다. 하나님께 부름 받아 예수 그리스도를 통하여 구원받은 무리를 말한다.(십자가 있어도 교회 아닐 수 있다, 6·25때 공산당 교회점령)

② 교회의 구분

　　＊ 가견 교회 : 눈에 보이는 지상교회(전투교회)

　　＊ 불가견 교회: 눈에 안 보이는 교회(천상교회)

나) 교회가 하는 일

(1) 예배드리는 일

① 창조주 하나님과 피조자인 인간과의 기본자세이다

예배 없는 모임은 하나님과는 상관이 없다

② 예배 순서에 빠지면 안 될 것

* 기도: 하나님과의 대화

* 찬송: 하나님의 영광을 찬미(엡 5:19)

* 설교: 하나님의 진리가 선포되는 시간(내려오는 시간)

* 헌금: 예배자의 몸, 마음, 생활전체를 드린다는 표시

　　정성껏 준비된 헌금이어야 함

(주일헌금. 십일조헌금(헌금의 기본), 감사헌금, 구제헌금, 선교헌금, 장학헌금)

* 축도: (주기도문, 예수님이 가르쳐 주신 기도문 마 6:9-13)

(2) 전 도

① 생명을 사랑하는 극치의 표현이다.

② 예수님의 지상명령이다(유언적 부탁)(마 28:19-20).

③ 복을 받은 자들의 사명이다(겔 33:6).

④ 전하지 않으면 화가 미친다(고전 9:16).

(3) 성 례

성례는 두 가지 ① 세례 ② 성찬인데 이는 예수님께서 제정하심

① 세례란: 잠긴다, 깨끗케 한다는 표, 그리스도와 연결

(죄 씻음 받았다는 증표) (롬 6:3, 4, 갈 3:27, 벧전 3:21)

♣ 수세자의 자격 :

* 학습은 믿은 지 6개월, 성경엔 없고 선교사들이 제정한 것, (헌법에 받아드림)

* 세례: 학습 받은 지 6개월 후에 받을 수 있다.

본인이 교회 앞에 공식으로 신앙을 고백하는 것으로 시험이 아니다.

- 하나님 앞에 죄인임을 고백한 후 죄 씻음 받았다는 증표다.
- 정식 회원이 된다.
- 선거권과 피선거권이 있다.
- 성찬에 참예할 권한이 부여된다.

♣ 세례를 꼭 받아야 하나?
  * 예수님이 친히 세례를 받으심.
  * 예수님이 세례를 받으라 명하심.

♣ 구원과 직접 관계는?
  * 있기도, 없기도 하다.

  오늘 예수 믿고 바른 신앙고백 했는데 세례 받을 기회 없이 죽었다.

  예: 십자가상의 한 강도

  * 기회 있는데 이 핑계 저 핑계하다 못 받은 자.
    그는 구원과 관계가 있다.

② **성찬이란 ?**
예수님께서 제정하신 것이다. 십자가에 못 박혀 죽으신 예수님의 피와 살을 기념하는 것으로 포도주와 떡을 떼게 된다. 세례 받은 자만 참예할 수 있다. 성찬식에 참석하는 자는 반드시 회개와 감사와 결심이 있어야

한다(마26:26-28).

다) 교회의 직원과 회의

(1) 직 원

① **비상 직원**

선지자나 사도같이 교회의 창설을 위하여 특별히 택함 받은 사람들

② **통상 직원**

교회의 유지를 위하여 조직체 안에서 택함 받은 사람들

* 장 로 : 목회장로= (목사) 치리와 가르침을 겸함

　　　　　장로= 치리만을 담당

* 집 사 : 안수집사= 성경에 나오는 집사(항존직)

　　　　　서리집사= 1년직

* 기 타 : 전도사

　　　　　강도사

　　　　　목사 후보생

　　　　　권　사……45세 이상(교단마다 다름)

　　　　　권　찰

(2) 회 의

　① 당 회: 목사, 장로

　② 제직회: 교역자, 장로, 집사

　③ 공동의회: 세례교인

　　선거, 예산, 결산을 인준한다.

<부록 II>

지도교역자와 교사가 알아둘 일

1. 담당 교역자
2. 등록실 교사
3. 반 맡은 교사
4. 행 정 관 리
5. 6개월 중 중요행사
6. 참 고 제 언

1. 담당 교역자

(1) 사명감과 뜨거운 열정이 있는 교역자라야 한다.

(2) 당회장을 대리 할 수 있는 능력자로 한다.

(3) 자주 이동하지 않아서 시행착오를 없애고 초신자가 교회에 대한 신뢰도를 높여야 한다.

(4) 첫 환영인사는 당회장이 아니면 담당교역자가 해야한다.

　　환영사는 길면 지루해 간단히 새신자부 소개 및 예배시간과 장소를 　알릴 정도로 마쳐야한다.

(5) 교사훈련을 아주 세밀히 철저히 익숙하도록 해야하며 교사도 자주 바꾸지 말고 훈련된 교사를 오래 봉사케 한다.

(6) 수료자와 학습 받은 자 명단을 철저히 확인하여 담당교구 교역자에게 연결하여 관리하도록 한다.

2. 등록실 교사

(1) 등록실은 교회의 얼굴이다. 첫인상이 대단히 중요하다.
　　교역자가 인사말씀 할 때 옆에서 떠들지 말고 조용히 친절한 미소로 지켜볼 것

(2) 등록카드 기록할 때 1:1로 옆에서 친절히 도와드리며 필요하면 대리 기록도 해드리고 이때 유의할 점은 가족상황을 자세히 쓰되 심문하는 인상을 받게 해서는 안 된다.

(3) 가족 중 우리교회 출석자 있으면 추가등록 표시 할 것

(4) 교구 분활도를 자세히 암송해서 반 배치할 때 정확히 하고 자기 소속교구를 알려줄 것

(5) 인도자도 확인 기록할 것

(6) 반 맡은 교사에게 직접 연결까지 해야함

　　* 정식공부반 = 6개월 공부하고 학습까지 받음

　　* 적응반 = 교육은 4주간이고 타교에서 세례 받은 자 들인데 정식 공부한자들 보다 교회적응이 잘 안됨

　　* 통신반 = 6개월 간 통신으로 공부하고 학습은 함께 받음

◇ 통신이나 적응반은 정식공부반 출신자들보다 신앙 성장이 훨씬 느리다. 그러므로 처음 소개할 때 정식공부 할 것을 권하다가 안될 때에 차선의 방법으로 사용하라.

3. 반 맡은 교사

(1) 배정 받은 사람을 처음 만났을 때

* 반갑게 인사하고, 교사 자신의 이름, 직분, 반 이름(00반입니다)
* 반원들도 소개하고
* 공부시간을 재확인하고 다음주일에 만날 것을 약속하고 기도로 마치라.

(2) 주중에 전화 통화할 것

통화 할 때도 반드시 자기소개하고 가족 중 반대자 있을 경우 통화 시간도 신경을 써서 조심해야한다.

(3) 구역에서 전화 왔어요? 물어보면서 자연스럽게 연결시키자.

4. 행정 관리

(1) 출석부 관리

(2) 숙제 점검

(3) 교적번호 확인

(4) 수료예정일 알릴 것

(5) 수료 전 친교(평일)

(6) 수료 후에도 세례 받기까지는 관심 둘 것

5. 6개월 중 중요행사

(1) 십계명 암송대회

(2) 찬송가 바로 부르기 대회

(3) 반별 친교

(4) 수료식(타 부서 연결)

6. 참고 제언

(1) 전문 교역자로 담당케 한다.

(2) 교역자나 교사 모두 훈련된 자

(3) 반 배정은 수료자가 인도해서 자기가 수료한 반에 두기를 원하면 그대로 하는 것이 가장 효과적이었다.(유능한 교사반은 수십 명 관리)

(4) 새신자부 교역자나 교사는 만물박사가 되어야 한다.

예: 교회 건물의 위치(본당 교육관 선교관)

　　용도(교역자실　간사실　각 교육부 전도회 교구모임 장소 등)

　　담당교역자 지금 이 시간 어디? 오늘의 소식 등

　　어느 것 물어와도 친절히 척척 안내 할 수 있어야함

<저자소개>

구 명 신

1926. 3.	만주 연길에서 출생
1975. 5. ~ 1993. 12.	충현교회 교구담당 시무여전도사
1975. 5. ~ 1977. 12.	충현교회 대학부 지도
1978. 1. ~ 1994. 12.	충현교회 장년새신자부 지도
1991. 12.	충현교회 시무여전도사 은퇴
1991. 1. ~ 현재	동원교회, 광천교회, 광문교회, 평안교회, 신용산교회, 사랑교회, 성도교회, 뉴욕만나교회, LA 충현선교교회 등 국내외, 여러 교회와 충현교회 내 여러 부서에서 그리고 한국보수신학, 칼빈신학, 농어촌 교역자 세미나, 군목 세미나, 군부대 등에서 새신자 교육에 대한 강의 및 전도 활동 중

새신자 양육교재 (지도자용)
*
초판 1쇄 — 2004년 1월 31일

*
지은이 — 구명신
펴낸이 — 채주희
펴낸곳 — 엘맨출판사
*
서울시 마포구 합정동 433-62
출판등록 — 제10-1562호(1985. 10. 29)
*
TEL. — (02) 323-4060
FAX. — (02) 323-6416
E-mail — elman1985@hanmail.net
*
잘못된 책은 바꾸어 드립니다.
*
값 6,000원